Mallory Gab
avec JC Mart

CUISINE comme MALOU !

Photographies et stylisme :
Isabelle Kanako

Albin Michel

Retrouvez Mallory Gabsi sur Instagram :
@mallory_gabsi

Suivez-nous sur Instagram :
@albinmichel_et_moi
Santé, bien-être, vie quotidienne, cuisine, parentalité, psychologie, développement personnel, nature, loisirs et plus encore...

SOMMAIRE

MALOU

La cuisine, c'est la grande aventure de ma vie. J'ai toujours voulu cuisiner et cette passion a été un fil rouge depuis mon enfance jusqu'à aujourd'hui, en passant par la fameuse expérience *Top Chef* !

J'ai grandi à Bruxelles, au milieu des effluves mêlés de la cuisine tunisienne de mon grand-père et de la cuisine belge de ma grand-mère.

À 12 ans, j'ai su que je voulais devenir cuisinier et que j'étais prêt à beaucoup de sacrifices pour y parvenir. Encouragé par ma famille, j'ai quitté la maison pour rejoindre l'internat de l'École d'hôtellerie et de tourisme Spermalie à Bruges. J'ai ensuite fait mes premières armes comme apprenti dans un restaurant deux étoiles, le Sea Grill, à Bruxelles, auprès du chef Yves Mattagne.

La cuisine a aussi été thérapeutique ! Lorsque j'ai dû surmonter à 17 ans une première épreuve, celle de la perte de mon œil. J'ai alors compris qu'il fallait profiter de chaque instant et ne jamais cesser de se battre. Contre l'avis des médecins et malgré de lourds traitements, j'ai pris la décision de ne pas abandonner mon projet et de repartir au travail. Une façon aussi d'honorer la promesse faite à ma grand-mère, disparue deux ans plus tôt, de ne jamais laisser tomber la cuisine.

Après un détour par le restaurant triplement étoilé Hertog Jan, puis par Nantes, dans un Relais & Châteaux, j'étais de retour au Sea Grill en 2019 lorsque l'aventure *Top Chef* a commencé. J'ai concouru lors de la onzième saison, dans la brigade d'Hélène Darroze, et je suis fier d'être parvenu à me hisser jusqu'en demi-finale. *Top Chef* a été une expérience humaine incroyable dont je garde de super souvenirs.

Ce livre, je l'ai dans la tête depuis bien longtemps. Depuis des années, je consigne des recettes et des idées en me disant que je les partagerai un jour. Cuisiner est pour moi avant tout une affaire de partage et de générosité.

Ces recettes sont inspirées de mon enfance, souvent de la cuisine de ma grand-mère. Il y a aussi les premières recettes que j'ai réalisées, celles que j'aime préparer pour mes amis, sans oublier celles qui m'ont permis de remporter les épreuves de *Top Chef*.

Ce ne sont pas des recettes qui réinventent quoi que ce soit. Ce sont avant tout des plats simples auxquels j'apporte ma petite touche, que je cuisine souvent et qui font plaisir. Je ne suis pas un grand lecteur et je n'aurais jamais imaginé écrire un jour ce livre ; c'est pourquoi je suis fier et heureux de partager aujourd'hui ces recettes avec vous. C'est aussi pour moi une façon de faire vivre le souvenir de ma grand-mère disparue.

Je vous souhaite de trouver beaucoup de plaisir à les préparer et à les déguster... et surtout n'oubliez pas de les partager !

SOUVENIRS D'ENFANCE

Enfant, j'ai eu la chance de passer beaucoup de temps avec mes grands-parents et de les regarder cuisiner.

Mon frère et moi alternions les mercredis après-midi chez nos grands-parents tunisiens et belges, et nous avons baigné dans deux cultures très différentes. Il y avait, d'un côté, les couscous et les tajines de mon grand-père, et de l'autre, les gaufres et le riz au lait de ma mamie belge.

Mon grand-père était un fin cuisinier, il connaissait toutes les subtilités du couscous. Il faisait longuement rôtir ses viandes et déglaçait toutes ses poêles de cuisson pour ne rien perdre des arômes. Il avait même aménagé dans sa cave une petite cuisine dédiée uniquement aux bouillons et à la cuisson des viandes. Il préparait aussi la molokheya, un plat typiquement tunisien à base de molokheya, une herbe séchée qui appartient à la famille des épinards. Lorsqu'il la cuisinait, il se réveillait la nuit pour vérifier sa sauce puis se levait très tôt pour peaufiner chaque détail. C'était tout un cérémonial, et je regrette d'avoir été trop petit à l'époque pour apprendre sa recette.

Ma grand-mère maternelle était aussi une excellente cuisinière. Sa cuisine était simple, familiale, mais parfaitement maîtrisée et toujours savoureuse. Elle comptait sur moi pour lui succéder et cuisiner pour la famille lorsqu'elle ne serait plus là... Je me souviens de ses incroyables gaufres qui étaient incontestablement les meilleures de Liège, et de son riz au lait qu'elle servait tiède. Elle parfumait la pâte à gaufres d'un peu de cannelle et accompagnait ses gaufres d'une crème légèrement fouettée. Cette odeur de cannelle, je l'adore ! De même que celle de la fleur d'oranger, qui me rappelle les makrouts de ma mamie tunisienne.

Ma mère, elle, nous préparait des carbonades, une sorte de bœuf bourguignon dans lequel on remplace le vin par de la bière et où la sauce est liée avec des tranches de pain d'épices tartinées de moutarde. Elle nous servait aussi le matin d'incroyables omelettes qu'elle accompagnait de lard grillé et de tartines de beurre.

Je partage ici avec vous beaucoup de souvenirs de mes grands-parents, des moments et des goûts de mon enfance. Ce sont des recettes qui viennent du cœur !

COUSCOUS

POUR 10 PERSONNES
PRÉPARATION | 30 MIN
CUISSON | 2 H
REPOS | 1 H 30

LES INGRÉDIENTS

200 g de raisins secs
5 courgettes
3 aubergines
8 carottes
3 navets
2 gros oignons
4 gousses d'ail
300 g de pois chiches en conserve
10 cuisses de poulet
1,5 kg de collier d'agneau
4 cuil. à soupe d'huile d'olive
300 g de tomates concassées en conserve
3 cuil. à soupe de ras el hanout
3 cuil. à soupe de cumin moulu
10 merguez
1 kg de semoule fine
80 g de beurre doux
1 botte de coriandre fraîche, hachée
1 grosse poignée d'amandes effilées (facultatif)
Sel, poivre du moulin

LES ÉTAPES

1. Placez les raisins secs dans un récipient creux, versez de l'eau chaude à hauteur. Couvrez le récipient et laissez gonfler les raisins pendant 40 min.
2. Épluchez les légumes, détaillez-les en gros morceaux. Émincez finement les oignons puis l'ail. Égouttez les pois chiches, réservez-les au frais. Salez et poivrez les cuisses de poulet et le collier d'agneau.
3. Dans une cocotte ou une grande casserole, faites revenir la viande avec l'huile d'olive pendant 5 min, jusqu'à ce que toutes les faces soient colorées. Disposez une passoire sur un récipient creux et transvasez-y la viande. Laissez la graisse de cuisson s'égoutter.
4. Retirez l'excédent de graisse de la cocotte et faites-y légèrement colorer les oignons pendant environ 5 min. Ajoutez les aubergines, les courgettes, les carottes et les navets. Faites revenir l'ensemble à feu doux, jusqu'à ce qu'il prenne une légère coloration. Incorporez les tomates, les épices et l'ail haché puis, après 5 min, ajoutez les viandes. Couvrez d'eau à hauteur puis portez à frémissements pour 45 min environ. Ajoutez ensuite les pois chiches et les raisins secs, poursuivez la cuisson 15 min.
5. Faites colorer les merguez dans une poêle ou au barbecue.
6. Pendant ce temps, mesurez le volume de la semoule, puis 1 fois et demie son volume d'eau et portez-la à ébullition. Disposez la semoule dans un saladier, ajoutez 3 cuil. à café de sel et mélangez. Versez l'eau bouillante dessus. Couvrez hermétiquement le récipient de film alimentaire et laissez reposer 5 min.
7. Égrainez la semoule à la fourchette tout en y incorporant le beurre au fur et à mesure.
8. Goûtez et rectifiez l'assaisonnement du couscous, ajoutez les merguez, servez le tout parsemé de coriandre fraîche et accompagné de semoule. Vous pouvez aussi ajouter une bonne poignée d'amandes effilées que vous aurez préalablement fait griller dans une poêle sans matières grasses.

Un de mes plats préférés ! Ce couscous, mon grand-père le préparait souvent les dimanches, lorsque la famille se rassemblait. Il le faisait avec beaucoup d'amour, c'est sûrement pour cela qu'il était si savoureux ! Les clés de la réussite sont de bien rôtir les viandes et de conserver tous les jus de cuisson.

LAPIN AUX PRUNEAUX

POUR 4 PERSONNES
PRÉPARATION | 30 MIN
CUISSON | 1 H 30

LES INGRÉDIENTS

2 échalotes
1 lapin d'1,5 kg entier, découpé par le boucher
100 g de beurre
50 g de lardons fumés
20 pruneaux dénoyautés
50 g de farine
1 l de bière de table Piedbœuf
20 cl de bouillon de volaille ou de lapin
2 feuilles de laurier
1 cuil. à soupe de sirop de Liège
Radis noir pour servir (facultatif)
Sel fin, poivre noir du moulin

LES ÉTAPES

1. Épluchez les échalotes, taillez-les en gros cubes égaux et réservez-les.
2. Salez et poivrez tous les morceaux de lapin. Dans une grande cocotte, faites fondre 50 g de beurre, ajoutez le lapin et les lardons. Faites dorer les morceaux sur toutes les faces pendant 5 min.
3. Transvasez le lapin dans un plat, remplacez-le par les échalotes et faites-les colorer pendant environ 5 min.
4. Ajoutez les pruneaux et les morceaux de lapin. Saupoudrez de farine et faites cuire pendant quelques minutes, tout en remuant, jusqu'à ce qu'elle blondisse. Versez la bière à hauteur et laissez réduire jusqu'à ce qu'elle soit complètement évaporée. Incorporez alors le bouillon, les feuilles de laurier ainsi que le sirop de Liège.
5. Laissez mijoter à couvert pendant 30 à 40 min, à feu doux.
6. Incorporez le restant de beurre, goûtez et rectifiez l'assaisonnement si nécessaire.
7. Pour apporter de la fraîcheur, râpez de fines tranches de radis noir sur le plat, juste avant de servir.

Ce plat sucré-salé tout en douceur se déguste tel quel ou accompagné de pommes de terre au four, ou encore d'une petite salade bien relevée. Cette recette est celle de ma grand-mère et, tout comme celle du couscous, en la partageant, je vous transmets de précieux souvenirs d'enfance !

SALADE LIÉGEOISE DE MA MAMIE

Une vraie salade de mon enfance. Encore une recette de ma grand-mère ! Elle l'accompagnait de saucisses de campagne. Il faut aimer le côté vinaigré, mais généralement ce plat met tout le monde d'accord.

POUR 6 PERSONNES
PRÉPARATION | 30 MIN
CUISSON | 30 MIN

LES INGRÉDIENTS

900 g de pommes de terre à chair ferme
900 g de haricots verts frais
2 oignons
3 œufs
480 g de lardons fumés
6 cl de vinaigre de chardonnay
1 pincée de noix de muscade fraîchement râpée
2 branches de persil plat hachées finement
30 g de beurre
Sel, poivre noir du moulin

LES ÉTAPES

1. Lavez tous les légumes. Épluchez les pommes de terre. Équeutez les haricots verts, émincez les oignons.
2. Faites chauffer une grande casserole d'eau bouillante salée. À ébullition, plongez-y les pommes de terre et faites-les cuire pendant 20 min. Les pommes de terre doivent être encore fermes pour garder une bonne tenue dans la salade.
3. Faites cuire les haricots verts *al dente* pour qu'ils restent croquants avec une belle couleur. Égouttez-les rapidement puis plongez-les dans de l'eau glacée pour les garder bien verts.
4. Détaillez les pommes de terre en morceaux assez gros.
5. Faites cuire les œufs 8 min dans une casserole d'eau bouillante puis réservez-les.
6. Faites revenir les lardons dans une poêle avec les oignons émincés, jusqu'à ce que l'ensemble prenne une légère coloration. Poivrez puis déglacez en versant le vinaigre. Faites réduire jusqu'à complète évaporation des liquides.
7. Incorporez les pommes de terre et les haricots verts, assaisonnez de sel et de noix de muscade râpée. Mélangez bien l'ensemble, ajoutez les herbes et le beurre. Rectifiez l'assaisonnement si nécessaire et mélangez à nouveau.
8. Servez la salade tiède et faites-vous plaisir !

CHICKEN WINGS, SAUCE PIMENTÉE

POUR 4 PERSONNES
PRÉPARATION | 5 MIN
CUISSON | 40 MIN

LES INGRÉDIENTS

1 cuil. à café de curry en poudre
1 cuil. à café de curcuma en poudre
1 cuil. à café de piment de Cayenne doux
1 cuil. à café de coriandre moulue
1/2 cuil. à café de paprika fumé
2 bâtons de citronnelle
50 g de miel de fleurs
1 citron vert
10 cl de sauce soja
Quelques gouttes de Tabasco
10 cl de coulis de tomates
20 ailerons de poulet
Sel

LES ÉTAPES

1. Mélangez toutes les épices. Émincez la citronnelle en biseau, en utilisant un couteau d'office pour plus de facilité.
2. Délayez le miel avec le jus du citron vert, puis incorporez la sauce soja, le Tabasco et le coulis de tomates, ajoutez les épices et le sel. Goûtez et rectifiez l'assaisonnement si nécessaire. Incorporez la citronnelle. Nappez les ailerons de cette sauce en veillant à ce que toutes les faces soient bien enrobées. Réservez la sauce restante au frais.
3. Préchauffez le four à 180 °C (th. 6) sur chaleur tournante.
4. Faites cuire les ailerons pendant 30 à 40 min en fonction de leur taille. Si la sauce commence à sécher en cours de cuisson, nappez à nouveau la viande.
5. Servez tiède pour ne pas vous brûler, car ces *chicken wings* sont bien meilleurs dégustés avec les doigts !

Une recette simple à préparer et qui se décline facilement avec ce que l'on a sous la main !

FISH AND CHIPS, SAUCE TARTARE

POUR 6 PERSONNES
PRÉPARATION | 20 MIN
CUISSON | 5 MIN

LES INGRÉDIENTS

POUR LA SAUCE TARTARE

1 botte de cerfeuil
1 botte de ciboulette
1 botte de persil
1 botte d'estragon
10 g de câpres
10 g de cornichons
1 oignon moyen
50 g de mayonnaise
1 cuil. à café de piment d'Espelette
Fleur de sel
Sel fin, poivre noir du moulin

POUR LE *FISH AND CHIPS*

375 g de farine
30 g de fécule de maïs
5 g de sel
2,5 g de levure chimique
25 cl de bière blonde
675 g de filets de cabillaud
Huile pour friture

LES ÉTAPES

1. Lavez et ciselez finement les herbes. Réservez-les au frais, enveloppées dans du papier absorbant humidifié.
2. Hachez les câpres, les cornichons et l'oignon, mélangez-les avec la mayonnaise, incorporez les herbes ciselées. Salez et poivrez, assaisonnez de piment. Conservez la sauce au frais.
3. Dans un saladier, mélangez 250 g de farine avec la fécule, le sel et la levure. Incorporez progressivement la bière pour obtenir un mélange lisse et homogène. Réservez cette pâte au frais.
4. Taillez les filets de cabillaud en bandes de 3 x 9 cm. Salez et poivrez les morceaux, passez-les ensuite dans le restant de farine, puis secouez-les pour en retirer l'excédent.
5. Faites chauffer l'huile à 180 °C dans une friteuse. Plongez les morceaux de poisson dans la pâte et faites-les frire environ 5 min, jusqu'à obtenir une belle coloration blonde.
6. Égouttez les morceaux, une fois cuits, sur une grille et parsemez de fleur de sel.
7. Servez chaud avec la sauce tartare et des frites (voir recette p. 68).

L'utilisation de la bière dans la pâte lui confère une incomparable légèreté, pour un résultat ultramoelleux et croustillant.

PAIN DE VIANDE

POUR 5 À 6 PERSONNES
PRÉPARATION | 20 MIN
CUISSON | 1 H 30
REPOS | 30 MIN

LES INGRÉDIENTS

50 g de cassonade
1/2 cuil. à soupe de vinaigre de cidre
200 g de piquillos
1/2 cuil. à café de curcuma en poudre
20 cl de ketchup
1/2 botte de ciboulette
1 botte de persil
1 gros oignon
700 g de viande de bœuf hachée
5 cl de sauce Worcestershire
2 œufs
50 g de pain de mie
5 cl de lait
Sel, poivre noir du moulin

LES ÉTAPES

1. Déposez la cassonade dans une casserole et faites-la chauffer. Dès qu'elle bout, ajoutez le vinaigre pour déglacer, en faisant attention aux projections (si vous disposez d'un thermomètre de cuisson, déglacez lorsque le sucre atteint 107 °C). Remuez avec une spatule en bois puis laissez réduire pendant 5 min. Ajoutez les piquillos, laissez cuire 10 min, puis saupoudrez de curcuma et incorporez le ketchup. Faites à nouveau réduire le tout pendant 15 min.
2. Pendant ce temps, ciselez la ciboulette et le persil, émincez l'oignon.
3. Préchauffez le four à 180 °C (th. 6).
4. Mélangez la viande hachée avec la sauce Worcestershire, les œufs, les herbes, l'oignon et la sauce au ketchup. Assaisonnez de sel et de poivre.
5. Faites tremper les tranches de pain de mie entières dans le lait pendant 5 min. Incorporez-les au mélange sans les essorer.
6. Disposez harmonieusement la farce dans un moule à cake.
7. Enfournez pour 45 min.
8. Laissez reposer quelques instants avant de servir.

C'est sans aucun doute la recette la plus simple du monde, économique et pratique. On peut facilement emporter un reste au boulot le lendemain, avec une petite purée. Ce pain de viande se déguste chaud ou froid, et même en sandwich...

MACARONIS AU JAMBON ET AU FROMAGE

POUR 6 PERSONNES
PRÉPARATION | 15 MIN
CUISSON | 10 MIN

LES INGRÉDIENTS

1 petit oignon
6 tranches de jambon blanc
300 g de macaronis
30 g de beurre
30 g de crème fraîche
1 jaune d'œuf
200 g de comté râpé
Sel fin
Poivre noir du moulin

LES ÉTAPES

1. Émincez finement l'oignon. Coupez le jambon en fines lamelles, réservez-les au frais.
2. Faites cuire les macaronis dans 3 fois leur volume d'eau salée. Ils doivent être *al dente*, fermes et fondants à la fois. Égouttez les pâtes et rincez-les rapidement.
3. Dans la même casserole, faites bien suer l'oignon dans le beurre sans le faire colorer. Ajoutez les lamelles de jambon puis les pâtes. Faites revenir le tout quelques instants à feu doux, puis ajoutez la crème et l'œuf. Remuez avec une spatule pendant 3 min, toujours à feu doux.
4. Incorporez le fromage râpé, salez, poivrez et servez immédiatement.
5. Régalez-vous !

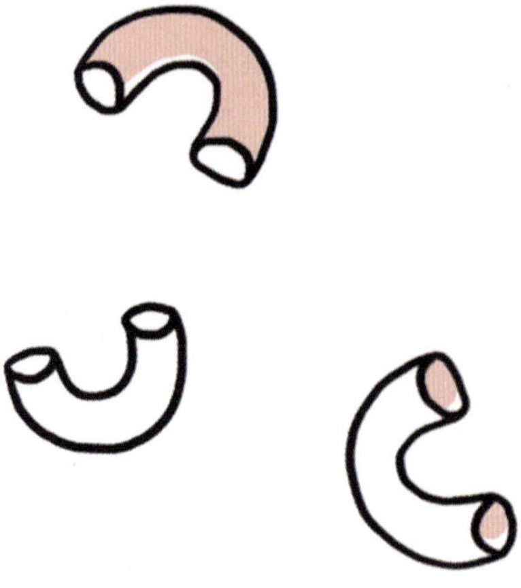

Le grand classique des soirs de flemme, succès assuré auprès des enfants ! Le genre de plats que j'adore cuisiner à la maison quand j'ai un petit creux.

CHICON GRATIN

Encore un grand classique de mamie !
Simple, bon, efficace… que demander de plus qu'un chicon gratin ?

POUR 5 À 6 PERSONNES
PRÉPARATION | 20 MIN
CUISSON | 35 MIN
REPOS | 10 MIN

LES INGRÉDIENTS

100 g de beurre + 10 g pour le moule
100 g de farine
1,5 l de lait entier
Quelques pincées de noix de muscade fraîchement râpée
10 chicons (endives)
20 g de sucre de canne
10 tranches de jambon blanc
400 g de gruyère râpé
10 tranches de lard de Colonnata
Sel, poivre noir du moulin

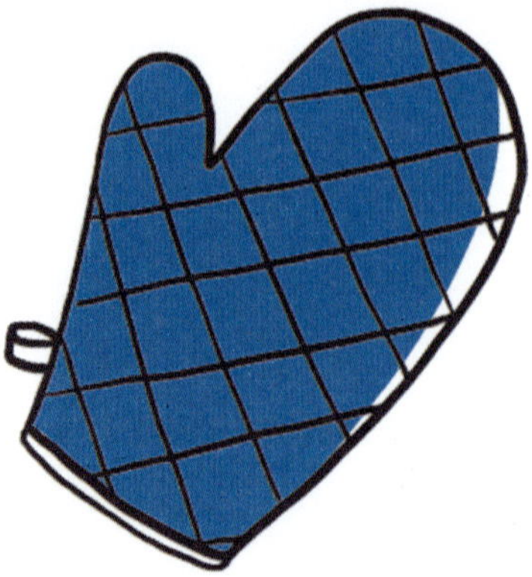

LES ÉTAPES

1. Préparez la béchamel : faites fondre le beurre dans une casserole haute, versez la farine en pluie sur le beurre fondu. Faites cuire l'ensemble à feu doux pendant 5 min, sans cesser de mélanger et sans laisser colorer : il faut vraiment faire « sécher » la pâte.
2. Versez ensuite le lait petit à petit sur le mélange et prolongez la cuisson pendant 20 min, à feu moyen, tout en fouettant doucement : la sauce doit avoir une belle tenue. Salez, poivrez et assaisonnez de noix de muscade râpée.
3. Préchauffez le four à 200 °C (th. 6-7).
4. Retirez les feuilles extérieures des chicons, creusez leur base pour retirer l'amertume. Disposez les chicons dans une casserole ou une sauteuse, versez juste assez d'eau pour les couvrir, ajoutez le sucre de canne et portez à ébullition.
5. Égouttez-les délicatement pour ne pas les abîmer puis pressez-les doucement dans un torchon pour retirer l'excédent d'eau.
6. Enroulez chaque chicon dans une tranche de jambon, puis disposez les chicons tête-bêche dans un plat à gratin préalablement beurré. Versez la béchamel jusqu'à couvrir le tout, parsemez de gruyère râpé.
7. Enfournez pour 20 min. Passé ce temps, retirez le plat du four et disposez les tranches de lard de Colonnata sur le dessus. Passez rapidement au gril, pendant 3 min.
8. Laissez reposer quelques instants avant de servir.

BRIOCHE PERDUE

POUR 4 PERSONNES
PRÉPARATION | 15 MIN
CUISSON | 5 MIN

LES INGRÉDIENTS

1 œuf
40 g de cassonade
1/2 cuil. à café de cannelle en poudre
10 cl de lait demi-écrémé
1/2 pain brioché (non découpé)
25 g de beurre doux
1/2 cuil. à soupe de sucre vanillé
Sucre glace pour saupoudrer (facultatif)

LES ÉTAPES

1. Fouettez les œufs avec 25 g de cassonade jusqu'à ce que le mélange blanchisse. Incorporez la cannelle puis le lait.
2. Détaillez le pain brioché en gros tronçons de 3 cm d'épaisseur. Trempez les deux faces de chaque morceau dans le mélange précédent, en vous aidant d'une fourchette.
3. Faites chauffer une poêle sur feu moyen, faites-y fondre le beurre puis faites dissoudre le restant de cassonade et le sucre vanillé.
4. Lorsqu'un caramel commence à se former, ajoutez les morceaux de brioche et faites-les légèrement colorer, environ 3 min de chaque côté, à feu doux.
5. Transvasez-les sur une assiette et, pour les plus gourmands, saupoudrez le tout de sucre glace, ou accompagnez de chocolat, de confiture ou de ce qui vous inspire... C'est vraiment une dinguerie !

Un de mes meilleurs souvenirs d'enfance, avec ce bon parfum de cannelle si présent et le grand bol de chocolat chaud qui l'accompagnait toujours et dans lequel je trempais les morceaux !

GAUFRES DE LIÈGE DE MA MAMIE

POUR 5 À 6 PERSONNES
PRÉPARATION | 30 MIN
CUISSON | 3 À 5 MIN PAR GAUFRE
REPOS | 1 H

LES INGRÉDIENTS

600 g de farine T45
9 g de fleur de sel
60 g de sucre en poudre
1 pincée de cannelle en poudre
45 g de levure fraîche
15 cl d'eau tiède
3 œufs
300 g de sucre perlé

LES ÉTAPES

1. Mélangez la farine, le sel, le sucre en poudre et la cannelle.
2. Émiettez la levure dans l'eau tiède et incorporez dans le mélange précédent.
3. Battez légèrement les œufs et incorporez-les. Mélangez.
4. Disposez un torchon humide sur la pâte, laissez-la lever pendant 45 min dans un endroit chaud.
5. Lorsque la pâte a doublé de volume, travaillez-la sur un plan de travail légèrement fariné en y ajoutant le sucre perlé.
6. Laissez lever à nouveau pendant 15 min sous un torchon humide.
7. Faites bien chauffer le gaufrier, versez 1 cuil. à soupe de pâte et faites cuire chaque gaufre entre 3 et 5 min.

Un des « best of » pâtisserie de ma grand-mère, et incontestablement les meilleures gaufres de Liège... À déguster chaud, c'est encore meilleur. Ma grand-mère ne les cuisait pas trop et les servait avec une crème légèrement battue... Un pur délice !

MADELEINES AU CITRON ET AU BEURRE NOISETTE

POUR 15 MADELEINES
PRÉPARATION | 15 MIN
CUISSON | 15 MIN
REPOS | 1 H

LES INGRÉDIENTS

100 g de beurre demi-sel + un peu pour le moule
1 citron non traité
110 g de sucre de canne
2 œufs
1 jaune d'œuf
125 g de farine + un peu pour le moule
2 cuil. à café de levure chimique
25 g de poudre de noisette torréfiée
2 cuil. à café de crème liquide à 40 %

LES ÉTAPES

1. Coupez le beurre demi-sel en morceaux, placez-le dans une petite casserole et faites-le chauffer à feu moyen jusqu'à ce qu'il brunisse et dégage une odeur de noisette. Laissez-le tiédir.
2. Prélevez le zeste du citron avec un couteau Économe ou une râpe. Hachez-le finement si vous avez utilisé un Économe. Mélangez-le avec le sucre de canne.
3. Préchauffez le four à 225 °C (th. 7-8).
4. Fouettez les œufs et le jaune d'œuf avec le sucre au citron jusqu'à ce que le mélange soit mousseux et blanchisse bien.
5. Dans un autre récipient, mélangez la farine tamisée avec la levure et la poudre de noisette. Incorporez le tout, progressivement, au mélange précédent. Ajoutez ensuite le beurre noisette tiède, la crème et mélangez bien.
6. Versez la pâte dans une poche à douille, réservez-la 1 h au réfrigérateur.
7. Beurrez et farinez les moules à madeleines (sauf s'ils sont en silicone). Remplissez les empreintes aux trois quarts.
8. Enfournez et baissez immédiatement la température à 200 °C (th. 6-7). Au bout de 3 à 5 min, baissez à nouveau la température à 180 °C (th. 6) et poursuivez la cuisson pendant 4 à 5 min.
9. Sortez les madeleines du four quand elles sont bien dodues et dorées.

Une recette idéale qui marie à merveille l'acidité du citron et la rondeur du beurre noisette. La madeleine, c'est le souvenir du quatre-heures à l'école !

RIZ AU LAIT DE MA MAMIE

Le goûter réconfortant que me préparait ma mamie les jours froids d'hiver !

POUR 6 PERSONNES
PRÉPARATION | 15 MIN
CUISSON | 20 MIN

LES INGRÉDIENTS

1 grosse gousse de vanille
90 cl de lait demi-écrémé
120 g de riz rond
120 g de sucre semoule
60 cl de crème liquide à 35 %
90 g de mascarpone

LES ÉTAPES

1. Ouvrez la gousse de vanille en deux dans la longueur, grattez l'intérieur avec la pointe d'un couteau pour en retirer les graines. Conservez la gousse pour parfumer une autre recette. Faites bouillir le lait avec les graines de vanille, laissez refroidir puis réservez au frais.
2. Disposez la cuve du batteur au congélateur.
3. Déposez le riz dans une casserole et faites-le chauffer à feu doux pendant 3 min, tout en mélangeant, jusqu'à ce qu'il blanchisse. Ajoutez la moitié du sucre et poursuivez la cuisson tout en remuant avec une spatule, jusqu'à ce qu'une légère odeur de caramel se dégage. Incorporez ensuite le lait vanillé et laissez mijoter pendant 20 min à feu doux, en remuant régulièrement pour éviter que la préparation n'accroche au fond de la casserole. Le riz doit être bien cuit et légèrement pâteux.
4. Pendant que le riz cuit, versez la crème liquide et le restant de sucre dans la cuve du batteur et montez le tout légèrement en chantilly. Une fois la crème montée, incorporez délicatement le mascarpone en soulevant avec une spatule.
5. Laissez refroidir le riz jusqu'à ce qu'il soit à la même température que la crème. Mélangez-les délicatement en soulevant avec une maryse jusqu'à ce que l'ensemble soit bien homogène. Pour la réussite de la recette, il est très important de veiller à ce que le riz et la crème soient à la même température avant de les rassembler.
6. Servez tiède ou froid.

TARTE AUX ABRICOTS
TOUJOURS DE MA MAMIE !

POUR 5 À 6 PERSONNES
PRÉPARATION | 1 H
CUISSON | 30 MIN
REPOS | 1 H

LES INGRÉDIENTS

POUR LA PÂTE

300 g de beurre
160 g de sucre glace
2 œufs
500 g de farine
1 pincée de fleur de sel
1 gousse de vanille fraîche (ou 1 pincée de poudre de vanille : voir l'astuce).

POUR LA GARNITURE

100 g de pistaches fraîches émondées
400 g d'abricots
125 g de cassonade
12 g de beurre à température ambiante
2 œufs
25 cl de crème liquide
15 g d'eau de fleur d'oranger
Sucre glace pour décorer

Cette tarte, ma mamie la préparait l'été avec des abricots bien mûrs… L'odeur de la tarte chaude sortant du four me rappelle des souvenirs heureux de vacances ensoleillées ! Elle la servait avec une crème fleurette légèrement fouettée et aromatisée avec un poivre parfumé comme le timut.

LES ÉTAPES

1. Préchauffez le four à 180 °C (th. 6) et faites-y torréfier les pistaches pendant 5 min. Baissez ensuite la température à 160 °C (th. 5-6).
2. Si vous utilisez de la vanille fraîche, ouvrez la gousse et grattez l'intérieur pour en extraire les graines.
3. Mélangez le beurre avec le sucre glace, ajoutez 2 œufs un à un puis la farine et enfin la fleur de sel et la vanille. Laissez reposer au frais pendant au moins 1 h.
4. Étalez cette pâte sucrée au rouleau et garnissez-en un cercle à pâtisserie de 20 cm de diamètre. Chemisez le fond de tarte de papier cuisson, disposez des billes de cuisson sur toute la surface (à défaut, remplissez-le de légumes secs), puis faites-le cuire à blanc pendant 10 min.
5. Laissez-le refroidir puis limez les contours avec une petite râpe pour égaliser la hauteur.
6. Coupez les abricots en deux et dénoyautez-les.
7. Fouettez la cassonade avec le beurre mou, incorporez les œufs un à un, puis la crème liquide et l'eau de fleur d'oranger (vous pouvez aussi mélanger le tout au mixeur).
8. Garnissez le fond de tarte avec une partie de cette crème, puis étalez les abricots et comblez les interstices avec le restant de crème.
9. Enfournez pour 15 min, puis démoulez la tarte sur un plat.
10. Concassez les pistaches torréfiées au couteau, parsemez-les sur la tarte puis saupoudrez de sucre glace.

ASTUCE : je vous livre une chouette astuce de ma grand-mère : conservez les gousses de vanille après les avoir évidées. Lorsque vous en avez suffisamment, faites-les sécher 4 h à four doux (30 à 40 °C, th.1) pour garder tous leurs arômes. Mixez-les ensuite : vous obtiendrez une poudre de vanille parfumée et très économique. À utiliser en remplacement de la vanille fraîche.

TARTE TATIN
À MA FAÇON

POUR 6 PERSONNES
PRÉPARATION | 15 MIN
CUISSON | 2 H 20
REPOS | 1 NUIT

LES INGRÉDIENTS

POUR LES POMMES TATIN

8 pommes Pink Lady ou toutes autres pommes de saison bien sucrées
1/2 citron pressé
200 g de beurre doux + un peu pour le moule
200 g de sucre semoule
1 cuil. à café de cannelle en poudre

POUR LA PÂTE FEUILLETÉE

250 g de beurre de tourage (ou à défaut de beurre doux)
250 g de farine
2 g de sel fin
12,5 cl d'eau
10 g de sucre glace
Crème fleurette pour servir (facultatif)

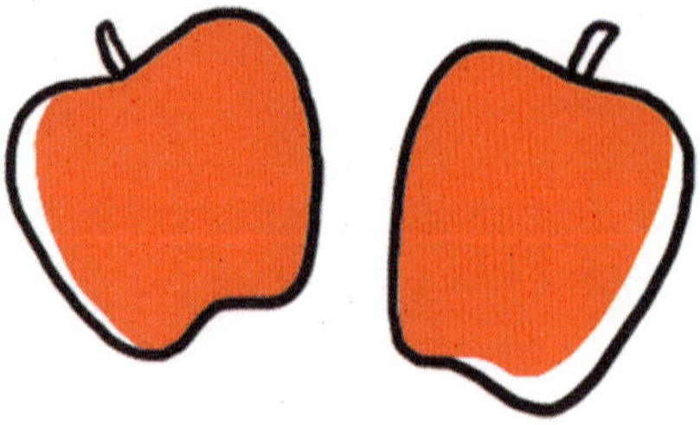

LES ÉTAPES

POUR LES POMMES TATIN

1. La veille, préchauffez le four à 160 °C (th. 5-6).
2. Pendant ce temps, épluchez les pommes. Faites de longues lamelles fines si possible avec une trancheuse rotative pour pommes. Sinon, utilisez une mandoline ou un couteau Économe à lame large.
3. Citronnez légèrement les pommes pour qu'elles ne noircissent pas.
4. Détaillez le beurre en petits morceaux. Beurrez généreusement un moule rectangulaire à bord assez haut, puis saupoudrez-le généreusement de sucre.
5. Mélangez le restant de sucre avec la cannelle.
6. Dans le moule, faites un mille-feuille en alternant les couches de beurre, de pommes et de sucre à la cannelle ; respectez bien l'ordre des ingrédients. Tassez régulièrement en appuyant avec les mains. Superposez les couches jusqu'à dépasser le bord du moule, aussi haut que possible car la préparation va beaucoup réduire pendant la cuisson.
7. Couvrez l'ensemble d'une feuille de papier d'aluminium et enfournez pour 2 h, jusqu'à ce que les pommes soient blondes et dorées.
8. À la sortie du four, laissez tiédir légèrement, puis mettez sous presse pendant toute une nuit au frais, en utilisant par exemple une brique de lait.
9. Le lendemain, démoulez ce gâteau de pommes et réservez-le.

POUR LA PÂTE FEUILLETÉE

1. Faites fondre 100 g de beurre. Versez-le dans le bol d'un robot pâtissier, ajoutez la farine, le sel et l'eau. Mélangez jusqu'à la formation d'une boule. Réservez au frais.
2. Avec un rouleau à pâtisserie, travaillez le beurre restant en une forme régulière et carrée de 15 x 15 cm.
3. Sortez la pâte du réfrigérateur, étalez-la sur une épaisseur de 10 mm en un carré de 30 x 30 cm, puis disposez le beurre mou sur un tiers de sa surface. Repliez la pâte en trois, en enfermant soigneusement le beurre à l'intérieur. Laissez reposer 30 min au frais.
4. Faites pivoter la pâte d'un quart de tour, étalez-la de nouveau sur 10 mm d'épaisseur puis repliez-la en portefeuille.
5. Renouvelez cette opération 4 fois en tournant chaque fois la pâte d'un quart de tour. Vous devez obtenir 6 tours en tout. Veillez à bien laisser reposer la pâte au frais pendant 30 min entre deux étapes.

POUR LE MONTAGE

1. Préchauffez le four à 220 °C (th. 7-8).
2. Étalez la pâte feuilletée et détaillez-y un rectangle aux dimensions du moule utilisé pour les pommes Tatin. Disposez-le sur une feuille de papier cuisson, saupoudrez la surface d'un peu de sucre glace.
3. Recouvrez la pâte d'une autre feuille de papier cuisson et enfournez-la entre deux plaques de métal pour éviter qu'elle ne gonfle. Baissez la température du four à 200 °C (th. 6-7) et faites cuire pendant 20 min.
4. Détaillez la pâte feuilletée en rectangles de 10 x 5 cm, et le gâteau de pommes en rectangles de la même taille. Disposez les rectangles de pommes sur les morceaux de pâte.
5. Servez la tarte accompagnée de crème fleurette légèrement fouettée avec un peu de sucre ou encore de glace à la vanille.

J'aime TOUS les desserts, mais la tarte Tatin fait partie de mon top 3... Seule subtilité, je ne l'aime pas trop sucrée, mais juste assez pour conserver la saveur des fruits et de la pâte !

L'APPRENTISSAGE DE LA CUISINE

Mes premiers apprentissages, je les ai faits auprès de mes chers grands-parents. Mon premier plat, que j'ai cuisiné tout seul à 12 ans, était un chou-fleur sauce Mornay. J'avais aussi réalisé, aidé de mon papa, un magnifique poisson en croûte, dans une pâte feuilletée.

C'est aussi à cet âge-là que j'ai quitté ma famille pour rejoindre un internat à Bruges et que j'ai commencé mes études de cuisine. Ce fut un choix difficile d'être arraché si jeune à ma famille et à mes amis, mais j'étais vraiment déterminé à progresser dans cette voie et à aller au bout de ma passion. Dire que je passais déjà 16 heures en cuisine chaque semaine !

J'ai poursuivi ensuite mes études à l'école hôtelière VTI Leuven, où j'ai gagné le concours « Jeunes talents disciples d'Auguste Escoffier » avec le chef Daniele Soru. Daniele travaillait dans le restaurant étoilé Nuance à Anvers, et j'y ai poursuivi cinq semaines de stage. C'est là que ma vie a basculé ! Le dernier soir, au moment du nettoyage, un bizutage de fin de stage a mal tourné et j'y ai perdu l'usage complet de mon œil. Un mois et demi plus tard, j'étais malgré tout de retour à l'école, déterminé à ne rien lâcher.

Ensuite, il y a eu le Sea Grill à Bruxelles, où je suis entré comme commis. C'est le chef Yves Mattagne qui m'a tout appris. À l'époque, je ne savais même pas faire une sauce. Yves m'a appris la base, comment faire un fond brun et toutes les subtilités qui font les grandes sauces. Je lui suis infiniment reconnaissant de sa patience et de sa bienveillance. J'ai énormément appris avec lui. C'est aussi au Sea Grill que j'ai rencontré Helmut, mon binôme, celui vers qui je me tourne toujours lorsque je rencontre une difficulté en cuisine. Nous avons toujours travaillé ensemble.

Puis il y a eu l'Hertog Jan, restaurant trois étoiles où j'ai appris la rigueur et compris à quel point ce métier était exigeant. Ce fut aussi pour moi la découverte du monde du travail et des relations professionnelles. Mais la liberté de tester, de créer que j'avais au Sea Grill m'a rapidement manqué, et quand Yves m'a appelé pour me proposer de revenir comme sous-chef, j'ai accepté avec enthousiasme.

J'aime particulièrement le dressage, sortir une belle assiette, les coups de rush et l'adrénaline qui va avec ce poste. Aller vite tout en étant parfait !

Si j'ai toujours voulu travailler dans des étoilés, c'est parce que j'ai un niveau élevé d'exigence. Et si cela a souvent été difficile, j'ai toujours assumé mes choix. J'aimerais me lancer d'autres défis, j'ai le goût du challenge !

BEURRE NOISETTE

POUR 20 CL ENVIRON
PRÉPARATION | 10 MIN
CUISSON | 5 MIN

LES INGRÉDIENTS

300 g de beurre doux
10 g de fleur de sel

LES ÉTAPES

1. Réservez un récipient creux en métal au réfrigérateur jusqu'à ce qu'il soit bien froid.
2. Coupez 250 g de beurre en petits cubes réguliers (réservez 50 g au frais), disposez-les dans une petite casserole et faites fondre à feu moyen. Disposez le cul-de-poule froid à proximité.
3. Lorsque le beurre commence à mousser, mélangez au fouet et attendez qu'il fasse un léger crépitement : on dit alors qu'il commence à chanter !
4. La couleur va devenir châtain doré ; c'est à ce moment-là qu'il prend son odeur et son goût caractéristiques de noisette. Transvasez-le immédiatement dans le cul-de-poule froid et ajoutez les 50 g de beurre froid réservés. Assaisonnez d'une pointe de fleur de sel. Mélangez.
5. Utilisez le beurre noisette sans attendre car il noircit rapidement.

Le beurre noisette s'obtient en faisant fondre lentement du beurre doux jusqu'à dissocier l'eau, les lipides et la caséine qui y sont contenus. Cette méthode de cuisson lui donne une délicieuse saveur de noisette. On peut l'incorporer à des pâtes à gâteau, comme dans la recette des financiers, ou y ajouter quelques gouttes de jus de citron pour en faire un beurre meunière, à servir avec un poisson. Il est même possible de l'utiliser comme base pour monter une sauce mousseline et d'en accompagner une viande ou un poisson... c'est une tuerie !

SAUCE BÉARNAISE

POUR 2 PERSONNES
PRÉPARATION | 20 MIN
CUISSON | 20 MIN

LES INGRÉDIENTS

2 échalotes
20 g d'estragon effeuillé
5 g de poivre noir en grains
470 g de beurre
7 cl de vin blanc
10 cl de vinaigre de vin rouge
7 jaunes d'œufs
4 cuil. à soupe d'eau froide
Sel, poivre du moulin
Quelques câpres

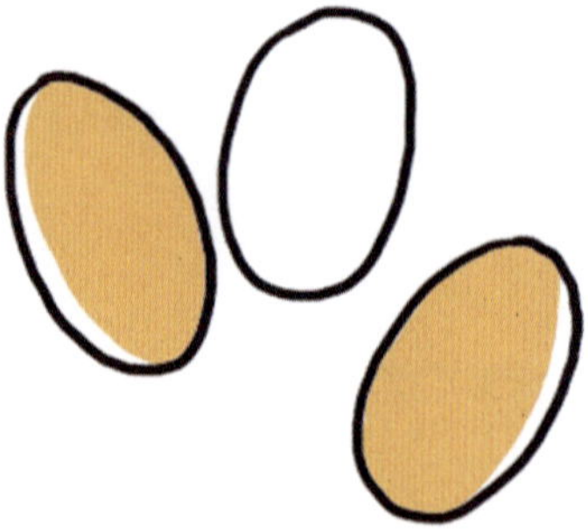

LES ÉTAPES

1. Émincez finement les échalotes avec un couteau d'office. Hachez grossièrement l'estragon. Concassez le poivre en grains.
2. Clarifiez le beurre : coupez-le en morceaux (réservez-en 30 g) et faites-le fondre doucement au bain-marie.
3. Retirez le petit-lait dès qu'il remonte à la surface et récupérez le beurre clair en dessous. Réservez.
4. Dans une casserole, faites revenir les échalotes dans le beurre restant. Versez le vin blanc et le poivre noir concassé. Faites réduire à sec. Ajoutez ensuite le vinaigre de vin rouge et faites réduire de moitié.
5. Remuez de temps en temps pour que la préparation n'accroche pas.
6. Filtrez la préparation et réservez les échalotes confites. Incorporez ensuite les jaunes d'œufs ainsi que l'eau froide. Faites cuire sur feu très doux en faisant des 8 avec le fouet, pendant 10 à 15 min, jusqu'à obtenir une crème onctueuse.
7. Hors du feu, montez la préparation au fouet en y versant petit à petit le beurre clarifié.
8. Filtrez à nouveau à travers un chinois ou une passoire à grille fine, incorporez l'estragon et les échalotes confites réservées, salez et poivrez. Ajoutez éventuellement quelques câpres.
9. Gardez la sauce au chaud, au bain-marie (moins de 50 °C), pour éviter que les ingrédients ne se séparent.

ASTUCE : si vous possédez un siphon, incorporez 140 g de crème liquide à la préparation puis versez-la dans le siphon et ajoutez deux cartouches. C'est un pur régal !

La sauce béarnaise fait partie des grands classiques. Selon moi, c'est sans conteste la sauce idéale pour accompagner les plats cuits au barbecue ou une bonne côte de bœuf ! Et rien ne vaut une béarnaise faite maison… Elle fait partie de mes sauces préférées !

SAUCE CHORON

POUR 6 PERSONNES
PRÉPARATION | 45 MIN
CUISSON | 1 H

LES INGRÉDIENTS

POUR LA SAUCE BÉARNAISE

2 échalotes
20 g d'estragon, effeuillé
470 g de beurre
10 cl de vinaigre de vin rouge
5 g de poivre noir en grains
7 cl de vin blanc
7 jaunes d'œufs
4 cuil. à soupe d'eau froide

POUR LA PURÉE DE TOMATES

300 g de tomates
1/2 oignon
1 gousse d'ail
20 g de sucre
Sel, poivre du moulin

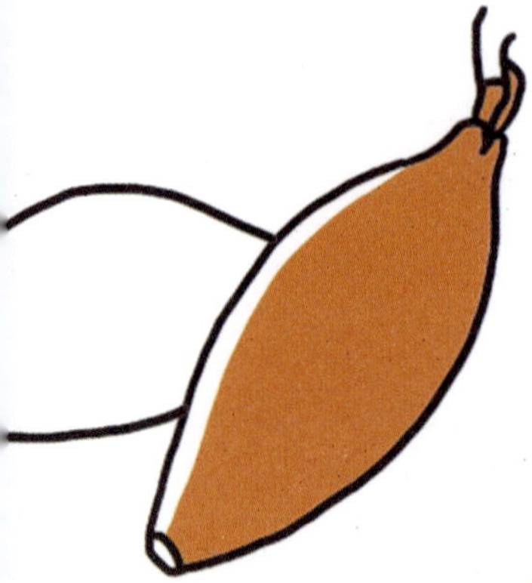

LES ÉTAPES

1. Hâchez l'ail et l'oignon et faites-les revenir à feu doux dans une cocotte. Incisez le sommet des tomates en forme de croix, placez-les dans la cocotte pour les faire cuire pendant 1 h à feu doux et à couvert. Surveillez de temps en temps la cuisson, ajoutez un verre d'eau si le fond de la cocotte commence à accrocher.
2. Mixez ensuite le tout au blender puis passez-le au moulin à légumes pour retirer les pépins et ne garder que la pulpe. Salez et poivrez, ajoutez éventuellement 1 pincée de sucre si la sauce est trop acide. Réservez au frais.
3. Épluchez et émincez finement les échalotes, hachez grossièrement l'estragon.
4. Réalisez un beurre clarifié : faites fondre le beurre coupé en parcelles au bain-marie. Retirez le petit-lait dès qu'il remonte à la surface, récupérez le beurre en dessous. Réservez à température ambiante.
5. Dans une casserole, disposez les échalotes, la moitié des herbes, le vinaigre, le poivre concassé et le vin blanc. Laissez réduire sur feu doux jusqu'à ce que la préparation prenne la consistance d'un sirop. Remuez de temps en temps pour qu'elle n'accroche pas.
6. Ajoutez ensuite les jaunes d'œufs et l'eau froide. Fouettez à feu très doux pour monter la sauce en un sabayon crémeux. Retirez de temps en temps la casserole du feu pour éviter que la sauce ne chauffe trop et que les jaunes d'œufs ne coagulent.
7. Hors du feu, montez la préparation au fouet en y versant petit à petit le beurre clarifié.
8. Filtrez-la ensuite à travers un chinois ou une passoire à grille fine. Incorporez alors la purée de tomates, goûtez et rectifiez l'assaisonnement si nécessaire, puis ajoutez le reste des herbes.
9. Gardez la sauce au chaud, au bain-marie (moins de 50 °C), pour qu'elle reste bien lisse et homogène.

La sauce Choron est un dérivé de la béarnaise, elle fait aussi partie des grands classiques. Son goût est plus subtil que celui de la béarnaise. À réserver aux connaisseurs !

BAR DE LIGNE, SAUCE LAIT DE COCO

Le plat idéal pour recevoir des invités, avec une touche d'exotisme !

POUR 8 PERSONNES
PRÉPARATION | 20 MIN
CUISSON | 1 H
REPOS | 20 MIN

LES INGRÉDIENTS

1 chou pointu
150 g de beurre frais
40 g de gingembre
25 g de bâtons de citronnelle
1 grosse gousse d'ail
40 cl de lait de coco
8 feuilles de kéfir ou de citronnier
1 petit piment rouge, égrainé
8 filets de bar de ligne avec la peau, nettoyés et sans arêtes
Sel, poivre du moulin

LES ÉTAPES

1. Émincez finement le chou, faites-le revenir dans 20 g de beurre puis laissez cuire pendant 20 min, à feu doux, jusqu'à ce qu'il soit très fondant. Salez et poivrez.
2. Passez-le ensuite au mixeur pour obtenir une purée.
3. Montez légèrement cette purée avec 80 g de beurre. Transvasez-la dans une poche à douille, réservez au frais.
4. Épluchez et émincez le gingembre. Écrasez les bâtons de citronnelle avec le manche du couteau puis coupez-les en gros tronçons. Épluchez et écrasez l'ail.
5. Dans une casserole, rassemblez le lait de coco, le gingembre, la citronnelle écrasée, l'ail, les feuilles de kéfir et le piment. Portez à ébullition, puis éteignez le feu et couvrez hermétiquement la casserole. Laissez infuser pendant 20 min.
6. Filtrez à travers un chinois ou une passoire à grille fine, montez légèrement la sauce avec 50 g de beurre. Assaisonnez de sel et de poivre.
7. Préchauffez le four à 190 °C (th. 6-7).
8. Faites cuire tout doucement les filets de bar à la poêle pour ne pas abîmer la chair. Pour obtenir une cuisson parfaite, le poisson doit être encore légèrement cru à cœur.
9. Finissez la cuisson dans le four pendant 2 petites minutes et servez rapidement avec la sauce au lait de coco et la purée de chou.

BROWNIE

Une de mes « crasses » préférées !
Le brownie, je pourrais en manger tous les jours.
Cette recette est TERRIBLE, mais il faut tâtonner les premières fois pour trouver la bonne cuisson en fonction de son four.

POUR 6 PERSONNES
PRÉPARATION | 15 MIN
CUISSON | 15 MIN
REPOS | 10 MIN

LES INGRÉDIENTS

200 g de chocolat noir à 70 %
150 g de beurre + 10 g pour le moule
1 gousse de vanille fraiche
2 œufs
150 g de sucre
20 g d'huile de noix
6 g de fleur de sel
160 g de farine
50 g de chocolat blanc
150 g de noix de pécan

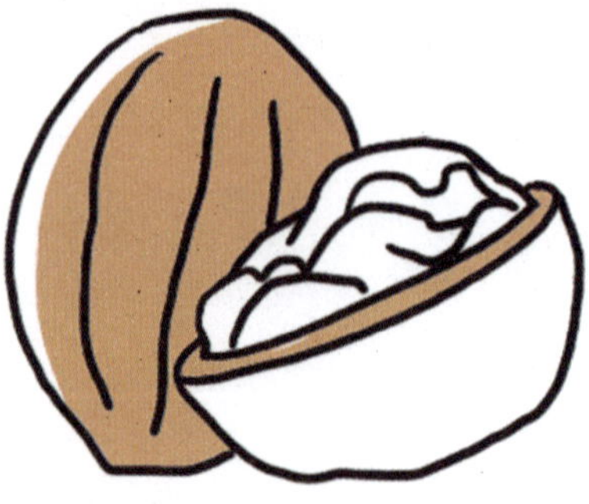

LES ÉTAPES

1. Préchauffez le four à 200 °C (th. 6-7).
2. Hachez grossièrement le chocolat noir. Faites-le fondre au bain-marie avec le beurre fondu, en remuant délicatement avec une maryse.
3. Ouvrez la gousse de vanille et extrayez-en les graines.
4. Fouettez les œufs, le sucre et la vanille jusqu'à ce que le mélange fasse un ruban. Ajoutez l'huile de noix et la fleur de sel, puis le mélange chocolat-beurre.
5. Incorporez petit à petit la farine préalablement tamisée. Mélangez bien l'ensemble.
6. Concassez le chocolat blanc et les noix de pécan et incorporez-les au mélange.
7. Beurrez un moule ou un plat carré et versez-y la pâte.
8. Enfournez et baissez la température du four à 185 °C (th. 6). Faites cuire le brownie environ 15 min (la cuisson dépend de la puissance de votre four).
9. Laissez refroidir pendant 20 min avant de déguster.

CANNELÉS BORDELAIS

POUR 15 CANNELÉS
PRÉPARATION | 15 MIN
CUISSON | 40 MIN
REPOS | 48 H

LES INGRÉDIENTS

1 gousse de vanille
50 cl de lait
50 g de beurre fondu + 30 g pour les moules
100 g de farine
1 pincée de sel
250 g de sucre glace
2 œufs entiers
2 jaunes d'œufs
12,5 cl de rhum

LES ÉTAPES

1. Coupez la gousse de vanille en deux, grattez l'intérieur pour récupérer les graines. Conservez la gousse pour une autre utilisation. Portez le lait à ébullition avec les graines de vanille et le beurre fondu.
2. Pendant ce temps, mélangez la farine et le sel avec le sucre glace dans un saladier. Incorporez ensuite les œufs et les jaunes d'œufs puis versez le lait vanillé. Mélangez délicatement afin d'obtenir une pâte fluide comme une pâte à crêpes. Incorporez le rhum. Réservez au frais pendant 48 h.
3. Préchauffez le four à 240 °C (th. 8), avec la tôle sur laquelle cuiront les cannelés.
4. Beurrez bien les moules à cannelés en cuivre, puis remplissez-les à moitié avec la pâte bien refroidie.
5. Disposez les cannelés sur la tôle du four. Faites cuire pendant 12 min, puis baissez la température à 220 °C (th. 7-8) et poursuivez la cuisson pendant 25 min sur chaleur tournante. Ajoutez un petit récipient d'eau dans le four pendant la cuisson.
6. Démoulez encore chaud et laissez complètement refroidir sur une grille avant de déguster !

Un bon cannelé doit avoir une croûte bien brune et un coeur moelleux ! L'ustensile de cuisson est primordial pour obtenir ce résultat, c'est pourquoi je vous conseille d'investir dans des moules individuels en cuivre. Avant la première utilisation, graissez l'intérieur puis faites-les cuire à vide, dans un four bien chaud, pour les culotter.

TIRAMISU
AU SIPHON

Le contraste entre le crémeux du tiramisu et la légèreté de la mousse en fait un dessert vraiment très gourmand !

POUR 6 PERSONNES
PRÉPARATION | 15 MIN
REPOS | 30 MIN

LES INGRÉDIENTS

3 œufs
25 g de sucre semoule
435 g de mascarpone
120 g de crème liquide
2 cafés expresso
12 boudoirs
6 g de cacao en poudre amer
30 g de sucre glace

LES ÉTAPES

1. Fouettez les jaunes d'œufs avec le sucre jusqu'à ce que le mélange blanchisse et devienne mousseux. Incorporez le mascarpone et la crème liquide, mélangez bien jusqu'à ce que la pâte soit bien lisse.
2. Filtrez le mélange pour enlever les impuretés. Remplissez le siphon aux deux tiers et ajoutez 2 cartouches. Réservez au frais pendant 30 min.
3. Au moment de servir, préparez les expressos et imbibez-en les boudoirs avec un pinceau. Répartissez les boudoirs sur 6 assiettes, puis utilisez le siphon pour les recouvrir de crème. Saupoudrez de cacao avec une petite passoire.
4. Finissez en saupoudrant de sucre glace.

ASTUCE : faites-moi confiance, c'est bien meilleur quand on prépare la crème la veille !

LES MOMENTS ENTRE AMIS

Ce sont des moments précieux ! À Bruxelles, nous nous retrouvons souvent chez les uns ou les autres autour d'une bonne bouffe. L'été, c'est le barbecue qui nous réunit ! J'aime préparer des plats copieux et les placer au milieu de la table pour que tout le monde se serve. C'est ça pour moi, l'idée du partage. La générosité, c'est important, la cuisine ne doit pas être égoïste !

Quand on arrose une viande, qu'on soigne une cuisson, qu'on pétrit une pâte, c'est pour rendre les gens heureux. Et si un jour j'ai mon propre restaurant et la chance d'obtenir une étoile, je serai évidemment heureux de cette reconnaissance, mais ce que je vise avant toute chose, ce sont les étoiles dans les yeux des gens.

Lorsque je veux profiter de mes amis et ne pas passer trop de temps en cuisine, je privilégie les cuissons au barbecue comme les brochettes de poulet à la sauce cacahuète, l'épaule d'agneau que je grille sur de bonnes braises, ou encore les ribs, que je cuis la veille à basse température pour avoir une viande très fondante. J'aime accompagner les grillades de petites salades : concombre, melon et menthe, ou avocats fumés au barbecue avec un peu de foin que je sers avec une petite vinaigrette bien relevée. J'utilise aussi mon barbecue pour préparer des desserts, rôtir des fruits comme l'ananas, que je fais mariner dans un sirop aux épices et que je nappe ensuite pendant la cuisson. Un vrai délice !

Si j'ai du temps et que je veux vraiment faire plaisir à mes amis, alors je confectionne des pâtes fraîches ! Des tagliatelles que je sers avec des gambas poêlées à l'huile d'olive ou grillées au barbecue. Des raviolis que je farcis avec des herbes fraîches, ou encore des gnocchis pour accompagner des côtelettes d'agneau. Les pâtes maison, c'est vraiment autre chose et c'est toujours un succès ! Contrairement à ce que l'on pourrait penser, ce n'est vraiment pas difficile à faire, et c'est tellement satisfaisant de le faire soi-même ! N'hésitez pas à vous lancer à votre tour.

Je terminerai bien sûr par le plat incontournable de toutes les soirées entre amis, celui qui séduit tout le monde à coup sûr : les frites maison et leur inséparable mayonnaise ! Je vous livre tous mes secrets... Régalez-vous !

BROCHETTES DE POULET, SAUCE CACAHUÈTE

POUR 4 PERSONNES
PRÉPARATION | 15 MIN
CUISSON | 25 MIN
REPOS | 1 NUIT

LES INGRÉDIENTS

POUR LES BROCHETTES DE POULET

4 blancs de volaille
1 oignon blanc
2 gousses d'ail
1 yaourt nature brassé
1 cuil. à café de cumin moulu
1 cuil. à café de paprika
20 g de saté en poudre
Sel, poivre du moulin

POUR LA SAUCE CACAHUÈTE

2 bâtons de citronnelle
1 tête d'ail
40 g de gingembre
1/2 piment oiseau égrainé
20 cl de mirin
50 cl de bouillon de volaille
5 cl de sauce soja légère
150 g de sauce d'huître
10 cl de nuoc-mâm
1,5 l de lait de coco
450 g de pâte de cacahuètes
400 g de cacahuètes torréfiées
25 cl d'eau
10 cl d'huile d'arachide

LES ÉTAPES

POUR LES BROCHETTES DE POULET

1. Parez et découpez les blancs de volaille en gros cubes d'environ 3,5 cm de côté ou demandez au boucher de s'en charger.
2. Hachez finement l'oignon. Passez les gousses d'ail au presse-ail.
3. Mélangez le yaourt avec le cumin, le paprika, le saté, l'oignon et l'ail. Salez et poivrez.
4. Faites mariner les morceaux de poulet dans cette sauce pendant toute une nuit au frais, dans un récipient hermétique.
5. Le jour J, embrochez les morceaux de poulet sur des piques à brochettes.
6. Faites griller les brochettes au barbecue pendant 15 min environ, en les retournant toutes les 3 min.

POUR LA SAUCE CACAHUÈTE

1. Écrasez la citronnelle avec le manche d'un couteau, coupez-la en rondelles. Hachez l'ail, le gingembre épluché et le piment.
2. Faites suer le tout dans une casserole avec 5 cl d'huile. Déglacez en versant le mirin et laissez réduire de trois quarts.
3. Versez le bouillon de volaille, la sauce soja, la sauce d'huître et le nuoc-mâm. Mélangez puis incorporez le lait de coco, la pâte de cacahuètes et les cacahuètes torréfiés.
4. Mixez le tout en ajoutant l'eau et l'huile d'arachide. Passez cette sauce à travers un tamis fin pour qu'elle soit bien lisse.
5. Réchauffez la sauce à feu doux avant de servir.
6. Dégustez les brochettes de poulet trempées dans la sauce aux cacahuètes, avec du riz blanc. Vous pouvez les accompagner de quartiers de citron vert et de fèves edamame salées.

La recette de la sauce cacahuète… quel souvenir ! Les jours où j'avais un peu de temps au travail, je préparais cette sauce pour le repas de midi de l'équipe. C'est une valeur sûre, à condition, bien sûr, de ne pas être allergique aux cacahuètes !

BURGERS MAISON

POUR 6 PERSONNES
PRÉPARATION | 10 MIN
CUISSON | 15 MIN
REPOS | 5 MIN

LES INGRÉDIENTS

700 g de bœuf haché
30 g de câpres
2 petites échalotes
Sel, poivre du moulin
2 oignons rouges
2 petites tomates mûres
1/2 salade iceberg
6 pains à burgers briochés
6 cl d'huile d'arachide
60 g de ketchup
6 gouttes de Tabasco
1/2 cuil. à café de sauce Worcestershire
7 gros cornichons aigres-doux
6 tranches fines de lard fumé
6 tranches de cheddar fermier
60 g de mayonnaise maison (voir recette p. 68)

Le plat qui met tout le monde d'accord. N'oubliez pas les frites !

LES ÉTAPES

1. Sortez la viande du réfrigérateur. Veillez bien à ce qu'elle soit hachée moins de 2 h avant de préparer les burgers.
2. Hachez les câpres et les échalotes, ajoutez-les à la viande hachée, salez et poivrez. Malaxez l'ensemble et formez 6 steaks. Laissez reposer à température ambiante le temps de la préparation.
3. Détaillez finement les oignons rouges en anneaux pour avoir de belles rondelles, réservez-les au frais.
4. Coupez les tomates en rondelles de 0,5 cm d'épaisseur. Déchirez grossièrement les feuilles de salade.
5. Coupez les pains à burgers en deux dans la largeur. Faites dorer les faces intérieures dans une poêle, dans 3 cl d'huile.
6. Mélangez le ketchup avec le Tabasco et la sauce Worcestershire. Coupez les cornichons en lamelles.
7. Dans la même poêle que celle utilisée pour le pain, faites chauffer 3 cl d'huile et faites-y caraméliser la viande et le lard des 2 côtés. Rectifiez l'assaisonnement de la viande si nécessaire. Disposez une tranche de fromage sur le dessus des steaks puis transvasez dans un plat.
8. Commencez le montage des burgers : tartinez la base du pain de mayonnaise, ajoutez les lamelles de cornichon, la tranche de tomate et la salade. Disposez ensuite la viande puis la tranche de lard et les oignons.
9. Nappez la face intérieure du dessus du pain avec la sauce au ketchup puis refermez les burgers.
10. Dégustez en essayant de ne pas vous en mettre partout !

ÉPAULE D'AGNEAU AU BARBECUE

POUR 6 PERSONNES
PRÉPARATION | 10 MIN
CUISSON | 14 H
REPOS | 1 H

LES INGRÉDIENTS

1,5 kg d'épaule d'agneau
3 gousses d'ail
Sel, poivre noir du moulin

POUR LA MARINADE

3 cuil. à soupe de coriandre moulue
3 cuil. à soupe de paprika fumé
2 cuil. à café de cumin moulu
1 cuil. de piment d'Espelette
20 cl d'huile d'olive
2 cuil. à café d'origan
1 botte de romarin
Sel, poivre noir du moulin

LES ÉTAPES

1. Préparez une grande quantité de braise dans le barbecue, c'est très important car la viande doit cuire longtemps.
2. Mélangez tous les ingrédients de la marinade, mixez le romarin et l'origan effeuillés et ajoutez-les. Salez et poivrez.
3. Incisez la viande en quadrillage puis imbibez-la de marinade en malaxant bien pour qu'elle pénètre la chair.
4. Piquez les gousses d'ail épluchées dans la viande pour qu'elle soit bien parfumée. Laissez reposer 1 h au frais.
5. Passé ce temps, disposez la viande sur une plaque à four, couvrez de papier d'aluminium et enfournez pour toute une nuit à 60 °C (th.2).
6. Le lendemain, déposez l'épaule sur la grille la plus haute du barbecue et laissez cuire 10 min à couvert. Faites cuire à découvert pendant 2 h en retournant la viande toutes les 10 min.
7. Pensez à retourner les braises régulièrement pour bien garder la source de chaleur.
8. Quand la viande est bien cuite, retirez-la du barbecue et enveloppez-la dans du papier d'aluminium pour la maintenir au chaud. Laissez reposer ainsi pendant 15 min, ce qui va permettre à la chair de se détendre.
9. Servez l'épaule entière au milieu de la table pour que chacun puisse se servir !

Avec de bonnes braises, on obtient une viande vraiment très juteuse ! Je garde un super souvenir d'un barbecue entre amis en plein été, à la maison, où on avait cuit et placé les épaules au milieu de la table avec des sauces, et tout le monde s'était régalé. C'était un beau moment de partage. C'est une recette longue mais qui en vaut la peine !

FRITES MAISON, SAUCE MAYONNAISE

POUR 6 PERSONNES
PRÉPARATION | 30 MIN
CUISSON | 20 MIN

LES INGRÉDIENTS

1,2 kg de pommes de terre bintje
1,5 kg de graisse de bœuf
1 feuille de laurier
1 oignon
3 clous de girofle

POUR LA MAYONNAISE

2 œufs
12 g de moutarde de Dijon
6 g de sel
18 cl d'huile de pépin de raisin
2 cuil. à soupe de vinaigre de vin rouge
Huile pour friture
Sel, poivre noir du moulin

Les frites et moi, c'est une grande histoire d'amour. Grâce à Top Chef, c'est sûr que je n'oublierai jamais qu'on les cuit à 140 °C ! Pour obtenir le goût de MES frites, il faut impérativement les cuire dans de la graisse de boeuf.

LES ÉTAPES

1. Préparez la mayonnaise : clarifiez les œufs en séparant les blancs des jaunes. Disposez les jaunes dans un saladier, ajoutez la moutarde et le sel. Fouettez légèrement jusqu'à ce que le mélange devienne homogène. Ajoutez un filet d'huile le long du saladier et fouettez sans discontinuer. Montez la mayonnaise énergiquement en incorporant l'huile petit à petit. Assaisonnez de poivre noir du moulin. Serrez ensuite en ajoutant le vinaigre de vin rouge : il faut pouvoir retourner le bol sans que la mayonnaise ne tombe !
2. Réservez au frais.
3. Faites fondre doucement la graisse de bœuf à 170 °C. Une fois la graisse fondue, éteignez la friteuse, ajoutez la feuille de laurier et l'oignon piqué de clous de girofle, et laissez infuser 15 min. Retirez ensuite l'oignon et le laurier.
4. Épluchez les pommes de terre et détaillez-les en frites. Rincez-les pour enlever l'amidon et éviter ainsi qu'elles ne collent entre elles. Essorez bien les frites dans un linge ou un torchon ; il faut bien les sécher car l'eau et l'huile ne font pas bon ménage !
5. Faites-les cuire à 140 °C dans la friteuse, en remuant régulièrement avec une écumoire, délicatement, en veillant à ne pas les casser. Retirez-les de la friteuse lorsqu'elles sont légèrement moelleuses (comptez environ 5 à 6 min de cuisson en fonction de la taille des frites).
6. Déposez-les à plat sur une plaque à four couverte de papier absorbant pour que la graisse s'égoutte.
7. Attendez que les frites aient complètement refroidi à température ambiante, puis plongez-les une nouvelle fois dans un bain de friture à 190 °C. Au bout de 5 min, lorsque les frites prennent une jolie coloration, retirez-les de la friteuse et laissez-les s'égoutter sur du papier absorbant.
8. Attendez le dernier moment pour les saler, car le sel les ramollit.
9. Il ne reste plus qu'à plonger les frites dans la mayo !

ASTUCE : si vous avez un siphon à la maison, ajoutez un filet d'eau dans la mayonnaise pour la rendre un peu plus liquide et versez-la dans le siphon avec deux cartouches de gaz. Vous obtiendrez une mayo superaérienne. J'adore !

CÔTES D'AGNEAU

ET GNOCCHIS À L'AIL ET AUX HERBES

Encore une recette qui donne le smile ! Vous verrez que vos potes voudront tous venir manger un petit barbecue chez vous !

POUR 6 PERSONNES
PRÉPARATION | 15 MIN
CUISSON | 40 MIN

LES INGRÉDIENTS

3 branches de basilic
1/2 botte de ciboulette
3 branches de persil
1 branche de sarriette
2 grosses gousses d'ail
1,5 kg de pommes de terre bintje
110 g de beurre
2 œufs
1 pincée de noix de muscade
0,5 cl d'huile d'olive
Sel, poivre noir du moulin
600 g de farine
18 côtelettes d'agneau (demandez au boucher les parures ou un peu de gras d'agneau)
100 g de parmesan râpé

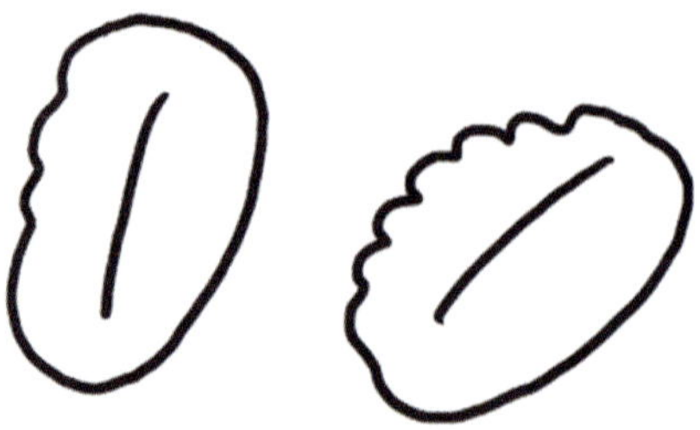

LES ÉTAPES

1. Effeuillez les herbes, épluchez 1 gousse d'ail et ciselez-les finement.
2. Épluchez les pommes de terre et faites-les cuire dans une grande casserole d'eau froide jusqu'à ce que le couteau puisse s'y enfoncer sans résistance. Passez les pommes de terre au moulin à légumes.
3. Disposez-les dans un récipient creux et incorporez-y 75 g de beurre, les œufs un à un, la muscade, l'huile et le sel. Mélangez bien l'ensemble puis ajoutez les herbes ciselées et la farine. Le mélange doit être bien homogène.
4. Divisez la pâte en 6 parts et façonnez des boudins d'un bon centimètre de diamètre. Détaillez-les en tronçons de 1 cm. Pressez les gnocchis sur le dos d'une petite fourchette pour les incurver.
5. Pochez les gnocchis dans un grand volume d'eau salée frémissante ; ils sont prêts lorsqu'ils remontent à la surface.
6. Pendant ce temps, colorez les côtelettes sur les 2 faces avec la graisse d'agneau. Faites-les cuire avec la gousse d'ail restante épluchée et écrasée, en les retournant au bout de 5 min.
7. Salez et poivrez, transvasez la viande dans un plat et réservez-la au chaud.
8. Retirez l'excédent de graisse de la poêle, déglacez avec un peu d'eau puis ajoutez le beurre restant. Mélangez pour lier la sauce puis faites-y revenir délicatement les gnocchis pendant 1 à 2 min, salez et poivrez.
9. Dressez les gnocchis dans un plat de service, disposez les côtelettes sur le côté, décorez de quelques herbes fraîches et parsemez de parmesan râpé.

JOUES DE BŒUF

À LA BIÈRE ET AUX GRAINES DE MOUTARDE

Un plat mijoté simple à réaliser, gourmand et très goûteux !

POUR 2 À 3 PERSONNES
PRÉPARATION | 15 MIN
CUISSON | 6 H

LES INGRÉDIENTS

60 g de graines de moutarde
30 cl de vin blanc sec
4 gros oignons
90 g de beurre
2 tranches de pain de mie
1 cuil. à soupe de moutarde à l'ancienne
500 g de joues de bœuf
1 branche de thym
4 gousses d'ail
5 clous de girofle
2 feuilles de laurier
Quelques grains de poivre noir
2 l de bière brune (Piedbœuf)
1 poignée de pousses de moutarde (mizuna)
Sel, poivre du moulin

LES ÉTAPES

1. Faites cuire les graines de moutarde dans le vin blanc pendant 30 à 40 min, à feu doux, en commençant la cuisson à froid. Les graines doivent être molles. Égouttez-les et réservez.
2. Émincez les oignons, faites-les revenir dans une casserole avec la moitié du beurre.
3. Tartinez les tranches de pain de mie de moutarde.
4. Faites bien colorer les joues de bœuf dans une poêle avec le restant de beurre puis ajoutez le thym, l'ail, les clous de girofle, le laurier, les oignons et le poivre noir.
5. Versez la bière jusqu'à couvrir l'ensemble puis ajoutez les tranches de pain à la moutarde.
6. Laissez cuire pendant au moins 5 à 6 h, à feu très doux.
7. Dressez les joues cuites dans des assiettes creuses. Décorez de pousses de moutarde et parsemez de pincées de graines de moutarde.
8. Servez avec une bonne bière (de chez vous) et une purée de pommes de terre au beurre.

PÂTES MAISON AUX GAMBAS

Des pâtes maison fraîches et savoureuses pour un vrai moment de partage. Une recette pratique et sympa à faire et à déguster !

POUR 5 À 6 PERSONNES
PRÉPARATION | 30 MIN
CUISSON | 12 MIN
REPOS | 24 H

LES INGRÉDIENTS

POUR LA PÂTE

250 g de farine
5 g de sel
3 jaunes d'œufs
2 œufs entiers
5 g d'huile d'olive

POUR L'ACCOMPAGNEMENT

175 g de gambas décortiquées
1 cuil. à soupe d'huile d'olive
50 g de beurre doux
2 gousses d'ail
2 cl de cognac
25 g de persil
75 g de Boursin® ail et fines herbes
50 g de pecorino
Sel, poivre noir du moulin

LES ÉTAPES

1. Mélangez la farine et le sel avec les jaunes d'œufs, les œufs entiers et l'huile d'olive. Pétrissez bien cette pâte sur le plan de travail. Tapez-la plusieurs fois sur la table pour l'assouplir puis filmez-la au contact. Laissez reposer 24 h au frais.
2. Passez la pâte au laminoir, avec la sortie tagliatelles, jusqu'à ce qu'elle devienne presque translucide (2 mm d'épaisseur).
3. Faites dorer les gambas dans l'huile d'olive puis ajoutez 20 g de beurre et 1 gousse d'ail fendue en deux. Versez le cognac pour déglacer le tout.
4. Préparez une persillade en faisant fondre le restant de beurre à feu moyen. Ajoutez ensuite le restant d'ail et le persil finement hachés. Hors du feu, incorporez la persillade aux gambas.
5. Plongez les pâtes dans une grande casserole d'eau frémissante salée pour 2 min. Retirez-les de la casserole, rincez-les rapidement à l'eau chaude puis égouttez-les.
6. Réchauffez rapidement les gambas dans la poêle puis ajoutez les pâtes, incorporez le Boursin et mélangez hors du feu jusqu'à ce que le tout soit bien lié. Salez et poivrez.
7. Dressez les pâtes sur les assiettes en essayant d'apporter un peu de hauteur avec les gambas.
8. Parsemez de pecorino râpé et le tour est joué !

RAVIOLIS FRAIS À LA RICOTTA

POUR 5 À 6 PERSONNES
PRÉPARATION | 50 MIN
CUISSON | 2 À 3 MIN
REPOS | 24 H

LES INGRÉDIENTS

POUR LA PÂTE

5 g de sel
250 g de farine
3 jaunes d'œufs
2 œufs entiers
5 g d'huile d'olive

POUR LA FARCE

250 g de ricotta
100 g de mascarpone
100 g de parmesan râpé
1 jaune d'œuf
1/4 de botte de ciboulette
1 échalote
3 branches de basilic frais
30 g de sciure de bois (facultatif)
30 g de beurre
Parmesan râpé pour servir (facultatif)
Sel, poivre noir du moulin

Tout le monde aime les raviolis. Je les aimais tellement quand j'étais petit que j'ai toujours voulu apprendre à les faire. C'est un peu long et fastidieux, mais le goût incomparable en vaut vraiment la peine !

LES ÉTAPES

1. Mélangez la farine et le sel avec les jaunes d'œufs, les œufs entiers et l'huile d'olive. Pétrissez bien cette pâte sur le plan de travail puis tapez-la plusieurs fois sur la table pour l'assouplir. Formez une boule et filmez-la au contact. Laissez reposer pendant 24 h au frais.
2. Préparez la farce : ciselez finement la ciboulette ainsi que l'échalote et le basilic effeuillé.
3. Mélangez la ricotta et le mascarpone, ajoutez le parmesan et le jaune d'œuf puis la ciboulette, l'échalote et le basilic. Assaisonnez de sel et de poivre, puis formez de petites boules en les roulant dans le creux de la main.
4. Disposez les boules sur la plaque du four, posez dessous une assiette avec un peu de sciure de bois et enflammez la sciure. Dès qu'elle commence à fumer, fermez la porte et laissez fumer pendant 20 à 30 min (cette étape est facultative).
5. Laissez refroidir et réservez les boules au congélateur, 15 à 20 min environ, jusqu'à ce qu'elles soient prises.
6. Passez la pâte au laminoir jusqu'à ce qu'elle devienne presque translucide, mais sans qu'elle se déchire. Coupez la pâte en cercles de 10 cm de diamètre, disposez les boules au centre. Passez de l'eau tout autour de la boule avec un pinceau de cuisine.
7. Couvrez avec un autre morceau de pâte de même taille. Appuyez tout autour de la farce pour sceller la pâte.
8. Recoupez avec un emporte-pièce en forme de cercle ou un verre retourné pour avoir quelque chose de bien net.
9. Plongez les raviolis dans un grand volume d'eau frémissante salée pour 1 à 2 min.
10. Faites fondre le beurre dans une poêle et faites-y revenir les raviolis à feu doux pendant 1 à 2 min, avec une louchée d'eau de cuisson.
11. Mélangez pour lier l'ensemble puis servez les raviolis parsemés d'un peu de poivre noir moulu et de parmesan râpé pour les plus gourmands !

RIBS

SAUCE SALSA AU BARBECUE

Rien de tel qu'une viande croustillante caramélisée avec une chair fondante !

POUR 6 PERSONNES
PRÉPARATION | 15 MIN
CUISSON | 15 H 30
REPOS | 2 H 30

LES INGRÉDIENTS

2 travers de porc
20 g de gingembre
3 citrons non traités
1 gousse d'ail
200 g de piments oiseau rouges
300 g de sauce soja salée
200 g de ketchup
120 g de sauce Worcestershire
Poivre noir du moulin

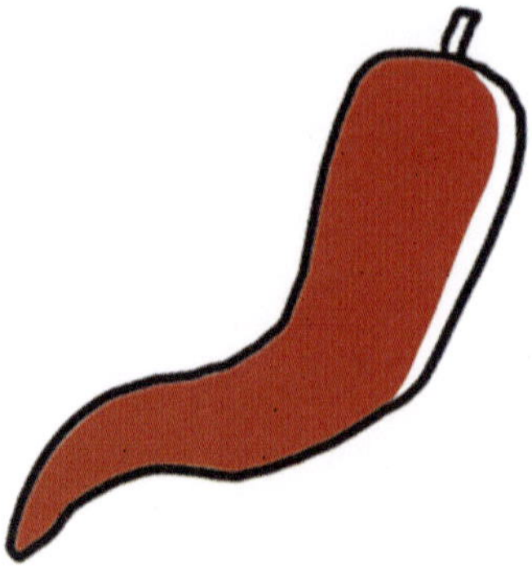

LES ÉTAPES

1. Parez la viande en enlevant l'excédent de gras et de nerfs ou demandez à votre boucher de le faire.
2. Épluchez le gingembre et râpez-le très finement à l'aide d'une râpe Microplane. Zestez les citrons avec la même râpe puis pressez-les pour récupérer leur jus. Épluchez et passez la gousse d'ail au presse-ail.
3. Égrainez les piments, taillez-les en brunoise (en petits dés).
4. Dans un grand saladier, mélangez le gingembre, les zestes et le jus de citron, les piments, la sauce soja salée, le ketchup, la sauce Worcestershire, l'ail et 1 pincée de poivre noir.
5. Versez la marinade sur la viande de manière à la recouvrir complètement. Laissez reposer au frais pendant 2 h.
6. Enveloppez hermétiquement la viande dans du film alimentaire en faisant plusieurs tours.
7. Plongez-la dans une casserole d'eau à environ 68 °C pour 15 h. Veillez à ajouter régulièrement de l'eau durant la cuisson. On peut aussi cuire la viande au four à la même température, en l'immergeant dans un récipient rempli d'eau.
8. Lorsque la viande est cuite, retirez-la et laissez-la reposer au frais pendant 20 à 30 min.
9. Allumez le barbecue et faites doucement griller la viande, environ 20 min, de sorte qu'elle soit grillée sur le dessus et fondante à cœur. Si la viande semble sèche en cours de cuisson, badigeonnez-la d'un peu de marinade avec un pinceau de cuisine.

RISOTTO
AUX CHAMPIGNONS

POUR 6 PERSONNES
PRÉPARATION | 10 MIN
CUISSON | 30 MIN
REPOS | 5 MIN

LES INGRÉDIENTS

3 échalotes
4 gousses d'ail
1/2 botte de ciboulette
1/2 botte de persil plat
800 g de champignons de Paris
600 g de riz arborio (riz à risotto)
2 cuil. à soupe d'huile d'olive
25 cl de vin blanc
10 cl de Noilly Prat
50 cl de bouillon de volaille (légèrement corsé)
70 g de beurre
1 citron combawa non traité
40 cl de crème liquide
200 g d'un mélange de champignons frais ou déshydratés (girolles, cèpes, pieds-de-moutons, morilles...)
250 g de copeaux de parmesan
Sel, poivre du moulin

Un grand classique... toujours savoureux ! Du moins si l'on est rigoureux. Eh oui, il est important de bien cuire le riz pour qu'il reste un peu croquant...

LES ÉTAPES

1. Ciselez séparément les échalotes et 3 gousses d'ail. Émincez la ciboulette et le persil, conservez au frais.
2. Nettoyez les champignons de Paris, réservez-en 50 g, coupez les autres en quatre et réservez au frais.
3. Rincez le riz dans une passoire puis égouttez-le.
4. Dans une casserole, faites suer les échalotes dans 1 cuil. à soupe d'huile, sans les laisser colorer. Versez le riz en pluie et faites-le revenir tout en mélangeant jusqu'à ce qu'il devienne translucide.
5. Versez le vin blanc et laissez s'évaporer complètement. Ajoutez le Noilly Prat et faites-le également s'évaporer, en remuant de temps en temps, à feu doux, pour éviter que le riz n'accroche.
6. Ajoutez ensuite le bouillon au fur et à mesure : versez une louchée de bouillon, attendez que le riz l'absorbe avant de verser la suivante. Procédez ainsi pendant environ 17 min, jusqu'à ce que le riz soit cuit. Il est très important d'attendre chaque fois que le bouillon soit réduit presque à sec.
7. Pendant ce temps, dans une autre casserole, faites suer l'ail haché avec le restant d'huile d'olive pendant 2 à 3 min, à feu moyen. Ajoutez les quartiers de champignons de Paris et 25 g de beurre. Faites cuire pendant 10 min puis augmentez la flamme pour colorer les champignons. Ajoutez la moitié des herbes. Transvasez dans un plat, râpez le citron combawa au-dessus.
8. Faites revenir le mélange de champignons dans 20 g de beurre avec la dernière gousse d'ail écrasée (si vous utilisez des champignons déshydratés, faites-les préalablement tremper 15 à 20 min dans de l'eau tiède).
9. Lorsque le riz est *al dente*, incorporez la crème et le beurre restant, et liez avec le parmesan. Assaisonnez de sel et de poivre, puis ajoutez les champignons de Paris.
10. Taillez les champignons réservés en fines lamelles.
11. Dressez le risotto avec le restant d'herbes, les lamelles de champignons et les champignons poêlés. Parsemez de quelques copeaux de parmesan.

ANANAS RÔTI AUX ÉPICES, AU BARBECUE

POUR 6 PERSONNES
PRÉPARATION | 10 MIN
CUISSON | 25 MIN
REPOS | 1 H

LES INGRÉDIENTS

100 g d'eau
150 g de sucre semoule
2 clous de girofle
1 cuil. à café de gingembre moulu
1 cuil. à café de cannelle moulue
5 étoiles de badiane
2 gousses de vanille
3 ananas Victoria
Glace à la vanille ou au rhum pour accompagner (facultatif)

LES ÉTAPES

1. Réalisez un sirop : versez l'eau et le sucre dans une casserole, portez à ébullition et faites cuire environ 5 min.
2. Ajoutez les épices. Grattez l'intérieur des gousses de vanille au-dessus du sirop. Laissez infuser le tout hors du feu.
3. Épluchez et découpez les ananas en spirale pour retirer les yeux. Conservez le sommet avec les feuilles.
4. Plongez les ananas dans le sirop pour les imbiber, laissez macérer au frais pendant 1 h.
5. Pendant ce temps, allumez le barbecue pour obtenir de jolies braises.
6. Piquez les ananas sur une broche en commençant par les feuilles puis posez-les sur le barbecue.
7. Laissez cuire pendant 20 min, en les retournant toutes les 5 min et en les arrosant chaque fois avec le sirop.
8. Pour servir, détaillez des anneaux d'environ 3 cm d'épaisseur et accompagnez-les d'une glace à la vanille ou au rhum !

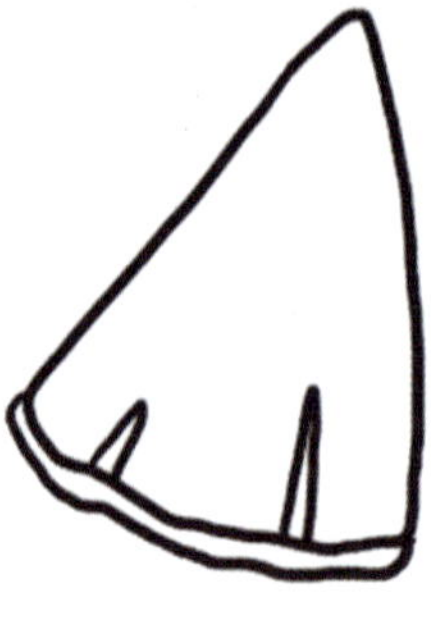

CRUMBLE DE FRUITS ROUGES
ET CRÈME FLEURETTE À LA VERVEINE

POUR 6 PERSONNES
PRÉPARATION | 20 MIN
CUISSON | 30 MIN

LES INGRÉDIENTS

120 g de beurre à température ambiante
120 g de farine
120 g de poudre d'amande (100 % amande)
55 g de sucre en poudre
6 g de fleur de sel
180 g de fraises
180 g de framboises
120 g de myrtilles
60 g de mûres
30 g de groseilles
60 g de cassonade
30 cl de crème fleurette à 40 %
1 à 2 branches de verveine fraîche

C'est meilleur quand c'est chaud ! Je n'ai pas de mots pour vous dire combien j'aime faire cette recette… et pour décrire l'odeur gourmande qui se dégage dans la cuisine ! C'est une recette archifacile et archirapide.

LES ÉTAPES

1. Coupez le beurre en petits morceaux, puis écrasez-le à la fourchette pour le rendre pommade.
2. Tamisez la farine.
3. Rassemblez la farine, la poudre d'amande, le sucre, la fleur de sel et le beurre pommade dans un récipient creux. Travaillez le tout du bout des doigts pour obtenir une pâte homogène et granuleuse.
4. Préchauffez le four à 180 °C (th. 6).
5. Nettoyez les fruits en conservant les queues pour éviter que l'eau ne les détrempe.
6. Égouttez-les sur un linge puis équeutez-les. Coupez les fraises en gros morceaux, passez tous les fruits dans la cassonade. Disposez-les dans un plat à gratin puis couvrez-les de pâte à crumble.
7. Enfournez pour 30 min, jusqu'à ce que la pâte soit blonde.
8. Pendant ce temps, faites chauffer le quart de la crème fleurette avec les feuilles de verveine, portez à ébullition et laissez refroidir.
9. Quand la crème est froide, filtrez-la pour retirer les feuilles de verveine puis incorporez le reste de la crème.
10. Fouettez légèrement la crème et transvasez-la dans un ramequin.
11. Laissez tiédir le crumble avant de le servir avec la crème fleurette à la verveine.

ASTUCE : j'aime bien ajouter un peu de cannelle pour parfumer l'appareil à crumble.

COMME À LA MAISON

Chez moi, j'aime cuisiner des choses réconfortantes, simples et rapides. Je passe beaucoup de temps en cuisine alors, de retour à la maison, je vais à l'essentiel. Ces recettes sont faciles mais toujours gourmandes ! Il n'est pas nécessaire de passer du temps en cuisine pour se régaler, il suffit d'avoir de bonnes recettes et de bons produits.

Par exemple, j'aime cuisiner les pâtes de façon simple, avec du bon jambon, de la crème et un peu de fromage râpé. Quand j'ai un peu de temps, je mijote une bonne sauce, comme la bolognaise de ma maman, pour les accompagner. Ou encore cette moussaka que je prépare avec des aubergines que je pane avec de la chapelure japonaise. J'adore cette chapelure qui apporte beaucoup de croustillant. Je prépare aussi souvent du riz sauté que j'agrémente de ce que je trouve dans mon réfrigérateur. Le riz sauté, c'est une bonne base que l'on peut faire varier à l'infini !

L'osso-buco et la ratatouille font aussi partie de mon répertoire de cuisine maison, pratique, incontournable. Il suffit de tout mettre dans la cocotte et de laisser mijoter ! Et quand j'ai vraiment du temps, je me cuisine de bons ris de veau que j'arrose soigneusement avec un beurre noisette.

Le week-end, j'aime préparer des œufs brouillés pour le petit déjeuner ; je les parsème de copeaux de beurre et je les accompagne de tartines beurrées et d'un bon jus d'orange avec de la pulpe !

Bien sûr, je suis comme tout le monde, j'ai aussi mes plaisirs coupables que j'appelle mes « crasses »... quand j'ai un petit creux, c'est chips et petits biscuits !

CHOU-FLEUR
GRATINÉ SAUCE MORNAY

Un accompagnement que j'adore ! C'est même le premier que j'ai réussi à cuisiner tout seul à la maison, à l'âge de 12 ans. Rien ne vaut la simplicité parfois !

POUR 4 PERSONNES
PRÉPARATION | 20 MIN
CUISSON | 1 H

LES INGRÉDIENTS

1 chou-fleur
15 g de beurre
15 g de farine
30 cl de lait entier
Sel, poivre du moulin
1 pincée de noix de muscade
160 g de gruyère râpé

LES ÉTAPES

1. Lavez le chou-fleur, détachez des petits bouquets avec un couteau d'office.
2. Faites-les cuire à la vapeur dans un couscoussier pour garder un maximum de tenue et éviter qu'ils ne s'imprègnent d'eau.
3. Préchauffez le four à 180 °C (th. 6).
4. Dans une casserole, faites fondre le beurre puis ajoutez la farine en pluie. Mélangez au fouet pendant 5 min, à feu très doux, pour bien faire cuire et dessécher l'appareil (afin d'éviter que la sauce n'ait le goût de farine).
5. Ajoutez le lait petit à petit, remuez sans discontinuer pendant toute la cuisson, environ 15 min.
6. Une fois que la sauce commence à bien épaissir, ajoutez le sel, la noix de muscade et 60 g de gruyère râpé. Mélangez puis transvasez dans un autre récipient.
7. Disposez le chou-fleur dans un plat, face vers le haut, puis couvrez-le de sauce de façon homogène. Parsemez du restant de gruyère râpé.
8. Faites cuire pendant 40 min ; il faut que le plat soit bien gratiné !

MOUSSAKA
D'AUBERGINES PANÉES

POUR 6 PERSONNES
PRÉPARATION | 20 MIN
CUISSON | 50 MIN

LES INGRÉDIENTS

400 g de tomates
1 gros oignon
2 gousses d'ail
2 brins de thym
2 cuil. à café de cumin en poudre
5 cl d'huile d'olive
800 g d'épaule d'agneau hachée
30 g de concentré de tomate
15 cl de vin blanc, environ
1/2 cuil. à café de sucre
5 grosses aubergines
3 œufs
100 g de farine
300 g de chapelure japonaise (panko)
Huile pour friture
300 g de parmesan râpé
Sel, poivre noir du moulin

LES ÉTAPES

1. Lavez et détaillez les tomates en cubes. Hachez l'oignon et faites-le suer avec l'ail écrasé, le thym et le cumin en poudre dans l'huile d'olive. Ajoutez la viande d'agneau hachée et faites-la bien revenir pendant 5 à 6 min. Incorporez les tomates fraîches et le concentré. Versez le vin blanc à hauteur, ajoutez le sucre, salez et poivrez. Faites bien réduire à feu doux jusqu'à évaporation totale du vin blanc, puis laissez mijoter pendant 30 min à couvert. Réservez cette sauce.
2. Préchauffez le four à 180 °C (th. 6) en mode gril.
3. Détaillez les aubergines en rondelles de 2,5 cm d'épaisseur.
4. Panez-les à l'anglaise : fouettez les œufs dans une assiette creuse, disposez la farine dans une autre assiette et la chapelure dans une troisième. Passez les rondelles successivement dans la farine secouez pour éliminer l'excédent, puis dans les œufs battus et enfin dans la chapelure. Faites-les frire dans un bain de friture à 190 °C pendant 3 min.
5. Disposez les aubergines panées dans un plat, étalez la sauce au-dessus puis parsemez de parmesan râpé. Enfournez pour 10 min sous le gril, jusqu'à ce que la surface soit dorée.
6. Servez chaud.

C'est un plat que me préparait ma mère et que j'aimais manger au retour de l'école. Cette recette est « pimpée » à ma façon ! Les aubergines sont panées avec de la chapelure japonaise et j'utilise de l'épaule d'agneau, une viande plus grasse qui apporte de la rondeur. C'est aussi un plat pratique à emporter au boulot quand il en reste...

OSSO-BUCO

POUR 6 PERSONNES
PRÉPARATION | 20 MIN
CUISSON | 1 H 10

LES INGRÉDIENTS

300 g de carottes
4 tomates fraîches
1 gros oignon
1/2 bouquet de persil
2 gousses d'ail
6 tranches de jarret de veau avec la moelle
6 cl d'huile d'olive
2 clous de girofle
30 g de farine
500 g de concassée de tomates en boîte
1 bouquet garni
30 cl de vin rouge un peu fruité
Sel, poivre noir du moulin

LES ÉTAPES

1. Épluchez les carottes, lavez-les ainsi que les tomates. Détaillez les carottes en lamelles, coupez les tomates en gros morceaux. Ciselez l'oignon et le persil.
2. Divisez les gousses d'ail en deux pour retirer le germe puis hachez-les.
3. Dans une grande cocotte, faites colorer la viande dans l'huile d'olive, 3 min sur chaque face. Ajoutez successivement l'oignon, l'ail, les carottes puis les clous de girofle. Faites bien suer les légumes (si vous avez de la moelle en supplément, ajoutez-la), puis incorporez les tomates. Laissez mijoter pendant 20 min environ, à feu doux et à couvert. Remuez de temps en temps en cours de cuisson pour que la préparation n'attache pas.
4. Singez en ajoutant la farine et faites-la cuire pendant 5 min tout en remuant (c'est très important de bien cuire la farine pour éviter que son goût ne persiste). Ajoutez la concassée de tomates, le bouquet garni et le vin rouge, salez et poivrez. Laissez mijoter pendant 45 min à feu doux et à découvert, en remuant de temps en temps. Si la sauce est encore liquide, retirez la viande de la cocotte et faites réduire la sauce en augmentant la flamme. Réchauffez ensuite la viande quelques minutes dans la cocotte.
5. Parsemez de persil frais haché juste avant de servir.

ASTUCES : je préfère préparer mon osso-buco la veille. La légende dit qu'il sera toujours meilleur le lendemain… Suggestion : vous pouvez récupérer chez votre boucher 75 g de moelle, avec ou sans os, pour donner encore plus de goût à votre plat (étape 3) !

*Que demander de mieux qu'un bon plat mijoté à partager en famille ?
J'adore la moelle et c'est toujours la première chose que je cherche dans mon assiette.
Choisissez une bonne concassée de tomates et des tomates fraîches bien mûres.
La qualité des ingrédients joue beaucoup dans la réussite de cette recette !*

RATATOUILLE

J'adore ce plat car on peut l'adapter et le préparer avec plein de légumes que l'on a dans le frigo... Le jour où tu ne sais pas quoi faire avec ce qu'il te reste, c'est RATATOUILLE !

POUR 6 PERSONNES
PRÉPARATION | 15 MIN
CUISSON | 1 H 20

LES INGRÉDIENTS

2 aubergines
1 courgette jaune
1 courgette verte
1/2 poivron rouge
1/2 poivron jaune
3 tomates rouges
3 tomates vertes
2 gousses d'ail
2 oignons
4 cl d'huile d'olive
2 feuilles de laurier
2 branches de thym
1/2 cuil. à café d'herbes de Provence
Sel, poivre noir du moulin

LES ÉTAPES

1. Coupez les aubergines et les courgettes en rondelles de 0,5 cm d'épaisseur. Épluchez les poivrons détaillez-les, ainsi que les tomates, en rondelles de même épaisseur. Épluchez les gousses d'ail et les oignons, hachez grossièrement les oignons, passez l'ail au presse-ail.
2. Faites revenir les aubergines, les courgettes et les poivrons séparément dans une poêle avec l'huile d'olive, pendant 5 min.
3. Faites suer les oignons et les tomates dans une cocotte pendant 10 min, tout en remuant. Incorporez les légumes revenus, l'ail, le laurier, le thym et les herbes de Provence, salez et poivrez.
4. Laissez mijoter le tout pendant 1 h environ à petit feu.
5. Servez la ratatouille dressée dans un plat à gratin.

SAUCE BOLOGNAISE

J'ai choisi de vous dévoiler la recette authentique de ma maman parce qu'elle est à la fois trop bonne et trop facile à réaliser ! J'adore cette recette que je cuisine très souvent.

PRÉPARATION | 15 MIN
CUISSON | 1 H 30
REPOS | 1 NUIT

LES INGRÉDIENTS

4 tomates mûres
1 petit oignon
2 gousses d'ail frais
1 grosse carotte
1/2 botte de basilic frais
4 cl d'huile d'olive
30 g de concentré de tomate
1/2 bouteille de bonne passata au basilic (purée de tomates italienne)
1/2 cuil. à café de sucre
1 bouquet garni
Sel, poivre du moulin
300 g de viande de porc hachée
300 g de viande de bœuf hachée
90 g d'olives noires dénoyautées

LES ÉTAPES

1. Émondez les tomates : plongez-les pour 30 sec dans de l'eau bouillante puis dans un saladier d'eau glacée, retirez la peau. Détaillez-les en morceaux.
2. Épluchez et émincez l'oignon, l'ail et la carotte. Effeuillez et hachez le basilic.
3. Dans une casserole, faites revenir l'oignon, l'ail et la carotte dans 2 cuil. à soupe d'huile d'olive. Ajoutez les tomates, le concentré, la passata, le sucre et le bouquet garni, salez et poivrez. Laissez mijoter environ 30 min en remuant de temps en temps avec une spatule en bois.
4. Pendant ce temps, faites revenir les viandes hachées dans le restant d'huile d'olive jusqu'à obtenir une belle coloration, puis réservez.
5. Lorsque les tomates sont prêtes, stoppez la cuisson puis incorporez le basilic haché. Couvrez la casserole, laissez infuser pendant 10 à 15 min.
6. Mixez ensuite la sauce et mélangez-la à la viande hachée. Faites mijoter l'ensemble à feu doux pendant 45 min à 1 h.
7. Incorporez les olives noires et réservez votre sauce de préférence quelques heures voire toute une nuit. Le conseil de ma maman, c'est de la préparer la veille !

POULET
À LA CITRONNELLE ET AU LAIT DE COCO FAÇON TOM KHA KAI

POUR 6 PERSONNES
PRÉPARATION | 20 MIN
CUISSON | 50 MIN
REPOS | 30 MIN

LES INGRÉDIENTS

15 g de galanga frais
25 g de gingembre frais
750 g de filets de poulet
3 piments verts, égrainés
2 citrons verts
2 carottes
1 blanc de poireau
1 cuil. à soupe d'huile de pépin de raisin
50 cl de lait de coco
1 bâton de citronnelle fraîche
3 feuilles de citron kaffir
10 cl de crème de coco
1 cuil. 1/2 à café de nuoc-mâm
Sel, poivre du moulin
1/2 botte de coriandre

LES ÉTAPES

1. Épluchez le galanga et le gingembre, coupez-les en grosses rondelles. Émincez la citronnelle.
2. Détaillez le poulet en fines lamelles. Hachez grossièrement les piments verts.
3. Râpez le zeste des citrons verts puis pressez-les. Épluchez les carottes, rincez-les ainsi que le blanc de poireau, puis taillez le tout en julienne (c'est-à-dire en fins bâtonnets).
4. Dans une casserole, faites suer le galanga et le gingembre dans l'huile pendant 3 à 4 min, à feu doux. Ajoutez le lait de coco, la citronnelle, les piments verts, le sel et les feuilles de kaffir.
5. Portez le tout à ébullition puis laissez mijoter à couvert pendant 25 min. Filtrez à travers un chinois ou une passoire à grille fine puis reversez la sauce dans la casserole.
6. Ajoutez les carottes, le poireau et les lamelles de poulet. Faites cuire pendant 20 min, à feu très doux pour ne pas agresser la chair du poulet. Salez et poivrez en fin de cuisson.
7. Incorporez la crème de coco, remuez jusqu'à la reprise de l'ébullition pour garder une texture homogène puis, dès les premiers bouillons, retirez du feu et laissez le tout reposer pendant 30 min à couvert. Ajoutez ensuite le nuoc-mâm et un filet de jus de citron vert.
8. Rectifiez l'assaisonnement si nécessaire, parsemez de feuilles de coriandre grossièrement hachées et de zeste de citron vert râpé. Servez avec du riz thaï blanc et des pois gourmands.

Encore un plat mijoté que j'adore !
J'aime beaucoup la cuisine avec des influences asiatiques…

VENTRÈCHE DE PORC LAQUÉE

POUR 6 PERSONNES
PRÉPARATION | 30 MIN
CUISSON | 35 MIN
REPOS | 4 H

LES INGRÉDIENTS

1 ventrèche de porc
2 échalotes
1 gousse d'ail
100 g de gingembre frais
150 g de miel d'acacia
5 cl de vin blanc
15 cl de sauce soja
1 l d'eau
150 g de pâte de haricots noirs
5 étoiles de badiane
4 bâtons de cannelle
10 cl de sauce d'huître
10 g de fécule de maïs

La viande est cuite à basse température et relevée par une sauce sucrée-salée. C'est une des premières recettes que j'ai apprises pendant mon apprentissage. Ce plat est encore une dinguerie !

LES ÉTAPES

1. Épluchez puis émincez le gingembre. Hachez grossièrement les échalotes et l'ail.
2. Versez le miel et le vin blanc dans une casserole, faites chauffer à feu vif jusqu'à la formation d'un caramel. Déglacez ensuite en versant la sauce soja et en faisant attention aux projections. Laissez réduire de moitié en mélangeant de temps en temps et en ajoutant 80 cl d'eau petit à petit.
3. Incorporez ensuite la pâte de haricots noirs, le gingembre, la badiane, la cannelle, la sauce d'huître, les échalotes et l'ail. Mélangez bien et laissez mijoter pendant 10 min. Filtrez la préparation et reversez-la dans la casserole.
4. Délayez la fécule de maïs avec 20 cl d'eau puis incorporez-la pour lier la sauce. Portez le tout à ébullition, réservez.
5. Parez la ventrèche de porc en retirant l'excédent de gras mais en veillant à bien conserver la peau du dessus. Immergez la viande dans la moitié de la sauce (conservez le reste pour laquer la viande), couvrez le tout hermétiquement et réservez au frais pendant 3 h.
6. Dans une grande poêle bien chaude, faites caraméliser la viande, à feu vif, sur toutes les faces, en insistant bien du côté de la peau. Retirez la viande de la poêle et emballez-la hermétiquement dans un sac sous vide ou dans plusieurs tours de film alimentaire.
7. Plongez la viande ainsi enveloppée dans un grand volume d'eau à 70 °C environ et faites-la cuire à 68 °C à cœur (utilisez une thermosonde pour contrôler la température à cœur). Retirez ensuite la viande de son bain de cuisson, laissez-la reposer 1 h au moins à température ambiante.
8. Préchauffez le four à 220 °C (th. 7-8) en mode gril.
9. Détaillez la viande en grosses tranches de 1 cm d'épaisseur. Laquez-les avec la sauce réservée, en utilisant un pinceau de cuisine. Enfournez pour 3 à 4 min, juste le temps de réchauffer et caraméliser la viande. On obtient ainsi un cœur fondant et une croûte naturelle légèrement croustillante et bien caramélisée.

RIS DE VEAU

SAUCE BÉARNAISE ET CREVETTES GRISES

POUR 6 PERSONNES
PRÉPARATION | 20 MIN
CUISSON | 3 H
REPOS | 1 H

LES INGRÉDIENTS

POUR LA SAUCE (40 CL)

1 échalote
4 branches d'estragon, effeuillées
500 g de beurre
200 à 300 g de carapaces de crevettes grises
10 cl de vinaigre de vin rouge
1 cuil. à café de poivre noir en grains
40 cl de vin blanc
5 jaunes d'œufs
1 cuil. à soupe d'eau froide
Sel fin, poivre noir du moulin.
Noix de muscade

LES ÉTAPES

POUR LA SAUCE

1. Épluchez et émincez finement l'échalote avec un couteau d'office. Hachez grossièrement l'estragon sur une planche.
2. Réalisez un beurre clarifié : faites doucement fondre le beurre coupé en parcelles au bain-marie.
3. Retirez le petit-lait dès qu'il remonte à la surface et récupérez le beurre clarifié au-dessous.
4. Passez ensuite le beurre à travers un torchon bien propre et humide pour avoir un beurre parfaitement clarifié (réservez-en 5 cuil. à soupe pour la cuisson des ris).
5. Ajoutez les carapaces de crevettes grises (voir étape 1 p.105) et laissez chauffer à feu doux et à couvert pendant 40 min environ, pour que le beurre s'imprègne bien de leur goût (cette étape est superimportante !). Filtrez le beurre pour ôter les carapaces.
6. Dans une casserole, ajoutez l'échalote, la moitié de l'estragon, le vinaigre, le poivre concassé et le vin blanc.
7. Laissez réduire sur feu doux tout en remuant de temps en temps pour éviter que la préparation n'accroche. Lorsqu'il ne reste qu'un fond ayant la consistance d'un sirop, éteignez le feu et laissez refroidir.
8. Ajoutez alors les jaunes d'œufs et l'eau froide puis fouettez la préparation, sur feu doux, pendant une dizaine de minutes pour la monter en sabayon. Arrêtez la cuisson dès que la sauce est crémeuse. Hors du feu, incorporez le beurre clarifié petit à petit tout en fouettant ; la sauce doit être bien lisse et crémeuse.
9. Filtrez la sauce au chinois ou à travers une passoire à grille fine, assaisonnez et ajoutez de la noix de muscade. Maintenez la sauce au chaud, dans un bain-marie chaud (au-dessous de 60 °C) et éteint, pour qu'elle reste homogène. Incorporez le restant de l'estragon haché juste avant de servir.

POUR LES RIS DE VEAU ET LES CREVETTES

500 g de crevettes grises fraîches, non décortiquées
600 g de ris de veau frais
2 blancs de poireau
2 carottes
2 oignons
50 cl de lait
50 cl d'eau
5 piments oiseau, égrainés
1 cuil. à café de poivre noir en grains
1 bouquet garni
1 branche de thym
Quelques feuilles de persil
1 tête d'ail
200 g de farine
20 g de beurre

POUR LES RIS DE VEAU ET LES CREVETTES

1. Décortiquez les crevettes grises et gardez bien les carapaces.
2. Rincez bien les ris de veau sous un filet d'eau froide puis laissez-les tremper pendant 1 h, en changeant l'eau régulièrement.
3. Coupez les poireaux, les carottes et les oignons grossièrement. Versez le lait et l'eau dans une casserole et ajoutez les légumes découpés ainsi que les piments égrainés, le poivre noir en grains, le bouquet garni et la tête d'ail entière.
4. Ajoutez les ris de veau et portez le tout à ébullition. Dès le premier bouillon, retirez les ris de veau avec une écumoire puis épluchez-les en retirant la membrane extérieure.
5. Séchez-les avec du papier absorbant.
6. Détaillez les ris en morceaux d'environ 60 g. Assaisonnez chaque face de sel et de poivre, puis passez-les dans la farine et tapotez-les pour retirer l'excédent de farine.
7. Faites chauffer une poêle puis ajoutez le beurre clarifié réservé. Saisissez les ris à feu vif puis faites-les colorer à feu moyen. Ajoutez ensuite 20 g de beurre, 1 branche de thym et 1/2 gousse d'ail écrasée. Arrosez bien les ris avec le beurre.
8. Lorsque le beurre devient bien mousseux, incorporez le persil haché.
9. Répartissez les ris de veau sur les assiettes, ajoutez la sauce à l'estragon puis les crevettes grises décortiquées.

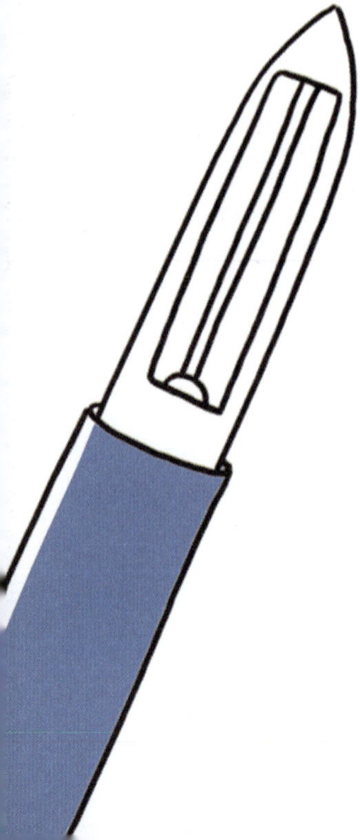

Voilà une recette un peu osée, qui mélange viande et poisson. J'aime beaucoup les associations terre-mer et j'adore les abats, particulièrement les ris de veau. C'est aussi une excellente façon de cuisiner « zéro déchet » puisqu'on recycle les carapaces des crevettes en bisque. On peut d'ailleurs utiliser cette bisque autrement, pour accompagner une viande ou un poisson...

L'EXPÉRIENCE TOP CHEF

L'expérience *Top Chef* a commencé par une blague, le jour où, alors que j'étais en congé, le pâtissier du Sea Grill a répondu à l'appel de la production et a donné mon nom. J'avais déjà décliné la proposition par deux fois. Mes parents m'ont conseillé de foncer et si je me suis lancé dans cette aventure un peu folle, c'était aussi par goût du défi, un vrai kif pour moi !

Cette aventure incroyable m'a laissé de formidables souvenirs. J'y ai fait beaucoup de belles rencontres et vécu des moments très forts.

J'ai commencé les castings avec un sentiment de fierté et d'excitation, mais aussi de peur. J'avais à cœur de donner le meilleur de moi-même, mais je redoutais de ne pas avoir assez d'expérience. J'étais loin d'imaginer que je me qualifierais pour la demi-finale.

La notoriété a été immédiate, dès la première diffusion. L'après *Top Chef* a été difficile à gérer car les propositions arrivaient de toutes parts, il était difficile de faire le tri et je craignais de décevoir les gens. J'ai compris qu'il était important de bien s'entourer, et j'ai eu la chance de rencontrer un agent, JC, qui est devenu mon ange gardien et mon ami. Il m'aide à sélectionner les projets qui me correspondent, gère mon image et me protège des nombreuses sollicitations.

Sur *Top Chef*, il y aurait tellement d'anecdotes à raconter ! Comme la fois où j'ai fait manger du piment à Diego, ou lorsque, avec Gianmarco, nous nous sommes littéralement battus avec des anguilles, tellement insaisissables qu'elles glissaient et s'enroulaient autour de nous !

L'idée de la friterie que nous avons eue avec Adrien nous a permis de remporter l'épreuve de la guerre des restaurants. C'était la première fois qu'une équipe gagnait sans un projet de restaurant gastronomique. Nous l'avions baptisée « Le 140 °C », en référence à une épreuve de *Top Chef* que j'avais perdue après avoir commis l'erreur de cuire mes frites à 130 °C ! Nous avons ensuite fait le pari d'ouvrir réellement cette friterie avec Adrien. Le succès fut tel que nous nous sommes laissés déborder et que nous avons dû mettre un terme à cette aventure... qui, je l'espère, verra à nouveau le jour dans un futur proche !

La recette de la pomme de pin marque aussi une étape importante de mon parcours *Top Chef*. Grâce à elle, j'ai été qualifié pour la demi-finale et j'ai remporté l'épreuve du chef Christian Le Squer. Pourtant, insatisfait de mon dressage, j'avais quitté le plateau, prêt à abandonner la compétition, pensant que je n'étais pas à la hauteur !

Après *Top Chef*, je me suis lancé dans de nombreux projets. J'interviens par exemple dans des restaurants éphémères, j'ai créé mes box « Mallory at Home » et j'ai commencé à écrire ce livre qui a fait l'objet d'un travail important. Pour autant, je n'envisage pas encore de monter mon propre restaurant ; je me laisse le temps, celui de continuer à apprendre, à me perfectionner. Je fais avant tout les choses pour trouver du plaisir et m'épanouir !

JUS DE BŒUF À L'OURSIN

POUR 6 PERSONNES
PRÉPARATION | 40 MIN
CUISSON | 1 H

LES INGRÉDIENTS

POUR LE JUS DE BŒUF

1 blanc de poireau
1 petit oignon
1 petite carotte
1/2 tête d'ail
1/2 branche de céleri
300 g de parures de bœuf
2 cuil. à soupe d'huile de pépin de raisin
50 g de beurre
1 feuille de laurier
2 branches de thym
30 cl de vin rouge
30 cl de fond brun de bœuf (ou d'eau, à défaut)
1 étoile de badiane
2 clous de girofle
1 cuil. à café de grains de poivre noir
Sel, poivre noir du moulin

POUR LE BEURRE D'OURSIN

18 cl de bisque de homard réduite
90 g de langues d'oursin
3 g de basilic
210 g de beurre pommade
Poivre noir du moulin

LES ÉTAPES

1. Faites réduire la bisque à 18 cl, laissez-la refroidir et mixez-la avec les langues d'oursin et le basilic. Transvasez dans un cul-de-poule puis incorporez le beurre pommade et le poivre noir. Chauffez légèrement la paroi extérieure en donnant de petits coups de chalumeau pour faciliter l'opération. Façonnez le beurre en rouleau en vous aidant de film alimentaire. Réservez-le au frais jusqu'à ce qu'il durcisse.
2. Épluchez et coupez les légumes en gros morceaux.
3. Dans une sauteuse, faites bien colorer les parures de bœuf dans l'huile pendant 5 min. Lorsque la viande est bien colorée, ajoutez le beurre et faites-le dorer pour aromatiser la sauce.
4. Gardez toujours la même casserole pour éviter de perdre les sucs de cuisson qui vont donner le goût à la sauce !
5. Une fois que le bœuf est bien coloré, ajoutez les légumes, les gousses d'ail, le laurier et le thym. Faites à nouveau colorer le tout à feu doux, pendant 10 à 15 min, sans faire brûler. Déglacez en versant le vin rouge, faites bien réduire à sec.
6. Lorsque le vin rouge s'est complètement évaporé, mouillez à hauteur avec le fond brun, ajoutez la badiane, les clous de girofle et les grains de poivre noir entiers. Faites encore réduire à feu doux pendant 40 min, jusqu'à ce que la sauce prenne une belle consistance légèrement sirupeuse.
7. Filtrez la sauce 2 fois de suite puis reversez-la dans la casserole et faites-la encore légèrement réduire.
8. Ajoutez le beurre d'oursin bien froid coupé en parcelles, petit à petit. Montez la sauce en faisant doucement des 8 avec une cuillère, sur feu doux.
9. Assaisonnez de sel et de poivre noir du moulin, et servez avec une bonne viande.

J'ai créé cette sauce sous l'impulsion du chef Yannick Alléno, et j'en garde un super souvenir... Pour réussir une sauce et lui donner du goût, il faut maîtriser les réductions et la cuisson des légumes et des parures de viande. Ce n'est pas sorcier d'avoir une bonne recette, mais il est important de bien respecter les étapes et de travailler correctement les réductions. La sauce, c'est tout un art !

LANGOUSTINES PIQUÉES AU YUZU

Une recette sophistiquée qui fera, à coup sûr, beaucoup d'effet !

POUR 4 PERSONNES
PRÉPARATION | 30 MIN
CUISSON | 2 H

LES INGRÉDIENTS

1 citron vert non traité
1 citron caviar
12 langoustines
5 cl d'huile d'olive
5 cl de cognac
1 cuil. à soupe de concentré de tomate
1 tomate
1/2 fenouil
1 feuille de laurier
2 petites branches de thym
2 gousses d'ail
1 céleri-rave
50 cl de crème liquide
5 feuilles de gélatine
8 pommes granny-smith
6 citrons
200 g de sucre
200 g d'eau
10 cl de jus de yuzu
1 poignée d'un mélange de feuilles de verveine fraîche, de petites pousses de basilic frais et d'aneth frais
Fleur de sel
Sel, poivre noir du moulin

LES ÉTAPES

1. Zestez le citron vert puis pressez-le. Évidez le citron caviar.
2. Décortiquez les langoustines, conservez les carapaces. Détaillez la chair de 8 langoustines en petits cubes, assaisonnez avec la fleur de sel, le zeste de citron vert et un filet d'huile d'olive. Ajoutez l'intérieur du citron caviar.
3. Caramélisez les carapaces de langoustine dans 3 cl d'huile d'olive puis faites-les flamber au cognac. Ajoutez ensuite le concentré de tomate, la tomate et le fenouil coupés en morceaux, puis le laurier, le thym et les gousses d'ail écrasées. Mouillez à hauteur avec de l'eau puis laissez cuire pendant environ 20 min à feu doux. Filtrez à travers un chinois ou une passoire à grille fine puis faites à nouveau chauffer le jus jusqu'à ce qu'il réduise de moitié.
4. Épluchez le céleri-rave, coupez-le grossièrement, ajoutez de la crème liquide à hauteur et laissez cuire à couvert, à petits frémissements. Une fois qu'il est cuit, mixez-le au blender, salez et poivrez.
5. Étalez légèrement 2 cuil. à soupe de purée de céleri dans le fond de chaque assiette.
6. Faites ramollir les feuilles de gélatine dans un bol d'eau. Pressez les pommes à la centrifugeuse. Faites légèrement chauffer le jus de pomme et incorporez-y la gélatine essorée. Mélangez puis versez dans l'assiette, autour de la purée de céleri. Laissez figer au frais.
7. Épluchez les citrons, couvrez les peaux (la peau blanche et le zeste) d'eau froide, salez puis portez à ébullition. Répétez cette opération 3 fois. Passez au chinois pour récupérer les peaux. Préparez un sirop lourd avec le sucre et l'eau, et faites-y confire les peaux de citron pendant 1 h, à feu doux.
8. Retirez-les du sirop et écrasez-les en purée dans un mortier. Transvasez dans une poche à douille.
9. Snackez rapidement les 4 langoustines restantes dans une poêle chaude avec un filet d'huile d'olive, salez et poivrez. Retirez-les de la poêle, piquez la chair avec le jus de yuzu au niveau de la tête et de la queue, en utilisant une seringue.

10. Récupérez les assiettes avec la purée de céleri et le jus de pomme verte. Disposez le tartare de langoustines sur la purée de céleri. Ajoutez quelques petits points de purée de citron confit sur le tartare, puis déposez une langoustine au-dessus. Finissez avec le mélange d'herbes en faisant du volume.

11. Faites à nouveau réduire la sauce et finissez le dressage en assaisonnant avec cette sauce bien réduite.

LA FAMEUSE « POMME DE PIN »

POUR 10 PERSONNES
PRÉPARATION | 1 H 30
CUISSON | 20 MIN
REPOS | 1 NUIT

LES INGRÉDIENTS

POUR LA GANACHE PRALINÉE AU BEURRE

350 g de chocolat noir
ou 320 g de chocolat au lait
350 g de sucre
400 g de praliné
600 g de crème liquide
450 g de beurre bien froid
Fleur de sel

POUR LES TUILES

100 g de beurre
100 g de farine
10 g de sel fin
100 g de blancs d'œufs
100 g de sucre

LES ÉTAPES

POUR LA GANACHE PRALINÉE AU BEURRE

1. Hachez grossièrement le chocolat, mélangez-le avec le sucre et le praliné. Faites bien chauffer la crème puis versez-la sur le mélange tout en fouettant doucement jusqu'à ce que le tout soit lisse.
2. Laissez tiédir le mélange puis incorporez le beurre bien froid avec une cuillère en bois et ajoutez 1 pincée de fleur de sel.
3. Versez la ganache sur une plaque froide filmée au contact avec du film alimentaire. Laissez reposer 1 nuit au frais.
4. Le lendemain, travaillez la ganache à la main pour qu'elle devienne pommade puis transvasez-la dans une poche à douille pour pouvoir dresser facilement.

POUR LES TUILES

1. Faites fondre le beurre, ajoutez la farine, le sel, les blancs d'œufs et le sucre. Mélangez bien pour obtenir un appareil homogène.
2. Préchauffez le four à 180 °C (th. 6).
3. Transvasez la pâte dans une poche à douille et formez des gouttes d'eau sur un tapis de cuisson ou sur du papier cuisson. Vous pouvez aussi étaler finement la pâte à la spatule puis la découper avec un emporte-pièces en forme de goutte.
4. Enfournez les tuiles pour 5 min sur chaleur tournante.
5. Laissez ensuite les tuiles bien refroidir et réservez-les.
6. Les « gouttes d'eau » vont servir d'écailles au moment du montage de la pomme de pin.

POUR LE CRÉMEUX CAFÉ ET VANILLE

380 g de jaunes d'œufs
320 g de sucre
500 g de lait
500 g de crème liquide
2 gousses de vanille Bourbon
2 feuilles de gélatine or
25 g de café soluble
70 g de beurre

POUR LE CRUMBLE CACAO

200 g de cacao en poudre
200 g d'amandes broyées
200 g de sucre
200 g de beurre frais pommade
200 g de farine
10 g de fleur de sel

C'est un dessert que j'affectionne pour deux raisons. D'abord parce qu'il me rappelle le goût de la praline Manon, la friandise préférée de ma maman et de ma grand-mère. Et ensuite parce qu'il m'a permis de gagner l'épreuve de Top Chef avec Christian Le Squer et de me remettre dans le « game » à un moment délicat de la saison !

POUR LE CRÉMEUX CAFÉ ET VANILLE

1. Fouettez les jaunes d'œufs avec le sucre jusqu'à ce que le mélange blanchisse et forme un ruban.
2. Faites chauffer le lait et la crème puis versez-en un peu sur la préparation précédente tout en mélangeant. Reversez le tout dans la casserole avec le restant de lait et de crème. Faites épaissir à feu très doux, comme une crème anglaise, pendant 10 à 12 min, sans cesser de mélanger. La crème doit napper la cuillère.
3. Ouvrez les gousses de vanille, grattez l'intérieur pour récupérer les graines.
4. Faites tremper la gélatine dans un bol d'eau bien froide.
5. Ajoutez ensuite à la crème le café, le beurre, les graines de vanille et la gélatine essorée. Mélangez bien l'ensemble.
6. Coulez le mélange dans des moules en silicone en forme de demi-sphère. Placez-les au congélateur jusqu'à ce que le mélange soit congelé.
7. Sortez et démoulez les demi-sphères au moment du montage pour que ce soit plus facile.

POUR LE CRUMBLE CACAO

1. Préchauffez le four à 190 °C (th. 6-7).
2. Mélangez tous les ingrédients ensemble et formez une pâte.
3. Étalez-la sur une plaque chemisée de papier cuisson et enfournez pour 15 min.
4. Pendant la cuisson, mélangez la pâte à l'aide d'une fourchette pour former des miettes.
5. Une fois le crumble cuit, laissez-le refroidir.

POUR LE MONTAGE DE LA POMME DE PIN

1. Commencez par émietter un peu de crumble sur l'assiette (cela doit ressembler à de la terre).
2. Faites ensuite un point, au centre de l'assiette, avec la ganache.
3. Collez ensemble 2 demi-sphères encore congelées pour obtenir une sphère complète et fixez-la sur le point de ganache pour qu'elle reste bien stable sur l'assiette.
4. Enrobez soigneusement la sphère de ganache, en évitant de faire des coulées sur l'assiette.
5. Faites ensuite adhérer la base des tuiles à la ganache, de bas en haut, sur toute la sphère pour former la pomme de pin.
6. Vous pouvez finir en saupoudrant un peu de sucre glace pour obtenir un effet « neige » dans l'assiette.
7. Bon appétit et n'oubliez pas de mettre beaucoup d'amour dans vos recettes pour bien les réussir !

ROSE DES POMMES

POUR 4 PERSONNES
PRÉPARATION | 2 H
CUISSON | 1 H 30
REPOS | 30 MIN

LES INGRÉDIENTS

2 bouteilles de cidre
330 g de beurre
20 cl de jus de pomme
4 gousses de vanille
2 étoiles de badiane
2 bâtons de cannelle
50 cl de crème liquide
250 g d'eau
450 g de farine T55
50 g de farine de sarrasin
10 g de sel
100 g de vinaigre balsamique blanc
50 g de kasha (sarrasin grillé)
4 g d'agar-agar
100 g de sarrasin
1 pincée de cannelle en poudre
8 pommes à peau rouge

LES ÉTAPES

1. Versez le cidre dans une casserole et faites réduire de trois quarts. Récupérez le jus réduit et répartissez-le dans 3 casseroles.
2. Dans la première, ajoutez 100 g de beurre, 100 g de jus de pomme, les graines de 2 gousses de vanille, 1 étoile de badiane et 1 bâton de cannelle.
3. Dans la seconde casserole, réalisez la sauce caramel de cidre : ajoutez les graines de 2 gousses de vanille, 1 étoile de badiane et 1 bâton de cannelle. Incorporez 100 g de beurre et 100 g de crème liquide. Portez à ébullition puis filtrez à travers un chinois ou une passoire à grille fine, transvasez dans une saucière.
4. Laissez le jus tel quel dans la troisième casserole, vous l'utiliserez pour badigeonner le feuilletage en fin de cuisson.
5. Pour le feuilletage, commencez par réaliser la détrempe : mélangez au batteur l'eau avec les farines, le sel et 50 g de beurre pommade. Formez une boule et réservez-la 15 min au frais.
6. Étalez 80 g de beurre en rectangle puis étalez la pâte et disposez le beurre au centre. Repliez-la en portefeuille, réservez au frais pendant 10 min. Tournez la pâte d'un quart de tour, étalez et pliez-la à nouveau en portefeuille.
7. Renouvelez encore 4 fois l'opération pour obtenir un feuilletage à 5 tours.
8. Étalez ensuite finement la pâte et enfournez-la entre 2 plaques pour 20 min à 180 °C (th. 6).
9. Dès la sortie du four, caramélisez la pâte encore chaude en la badigeonnant de jus réduit et réservé, et en veillant à ne pas l'imbiber.
10. Détaillez des rectangles bien réguliers dans la pâte avec un couteau à dents.

11. Faites bouillir le vinaigre avec le kasha. Ajoutez 100 g de jus de pomme, filtrez puis ajoutez l'agar-agar, mélangez puis portez à ébullition. Transvasez le mélange sur une plaque, laissez refroidir puis réservez 20 min au frais jusqu'à ce qu'il durcisse. Mixez ensuite la gelée pour obtenir un gel de pomme. Filtrez ce gel au chinois.

12. Torréfiez le sarrasin dans une poêle sans matières grasses. Mixez-en les deux tiers avec 1 pincée de cannelle. Réservez ainsi que le restant non mixé dans 2 récipients séparés.

13. Préchauffez le four à 150 °C (th. 5).

14. Coupez les pommes en deux, puis émincez-les très finement à la mandoline de façon à avoir de la peau sur chaque tranche. Posez une vingtaine de tranches sur une planche en les faisant se chevaucher puis roulez la bande obtenue sur elle-même pour obtenir une rose. Renouvelez l'opération avec le reste des tranches.

15. Imbibez bien les roses avec le sirop n° 1. Disposez-les dans un plat à four et enfournez pour 35 min à 150 °C (th. 5).

16. Montez la crème liquide en chantilly bien ferme.

17. Dressage : disposez un cercle au centre d'une assiette plate et saupoudrez-y le mélange kasha-cannelle. Disposez 3 roses en quinconce puis déposez quelques petits points de gel de pomme avec une poche un peu partout sur l'assiette. Ajoutez 2 petites quenelles de crème fouettée entre les roses. Saupoudrez le tout avec le kasha torréfié non mixé. Finissez en déposant 2 bandes de feuilletage en biais sur les quenelles de crème.

18. Servez avec la saucière de sauce caramel de cidre.

Un dessert un peu technique, certes, mais qui mettra tout le monde d'accord !

INDEX ALPHABÉTIQUE

INDEX PAR TYPE DE PLAT

SAUCES

PLATS

DOUCEURS

REMERCIEMENTS

Je tiens à remercier ma famille pour son soutien inconditionnel.

Merci à Vincent Meslins, Isabelle Kanako, Pascal Ito et JC, qui ont été à mes côtés durant la réalisation de ce livre.

Et un merci tout particulier à vous, lecteurs de ce livre, qui me suivez depuis mes débuts dans la cuisine et qui continuez de m'encourager dans mes aventures culinaires.

Ouvrage publié sous la direction d'Aurélie Starckmann

Réalisation éditoriale : Clémentine Dubernet
Création et texte des recettes : Mallory Gabsi et JC Marty
Réalisation des recettes : Mallory Gabsi, aidé de Vincent Meslins
Photographies et stylisme : Isabelle Kanako
Photographie de l'auteur en couverture : © Pascalito
Éditing des textes : Julie Soucail
Relecture et correction : Clémentine Bougrat
Conception graphique, illustrations et mise en pages : Marthe Oréal © Smarthe

Éditions Albin Michel
22, rue Huyghens, 75014 Paris
www.albin-michel.fr

ISBN : 978-2-226-46208-4
N° d'édition : 24514/01
Dépôt légal : juin 2021
Imprimé en Italie par Elcograf.